Autogenes Training

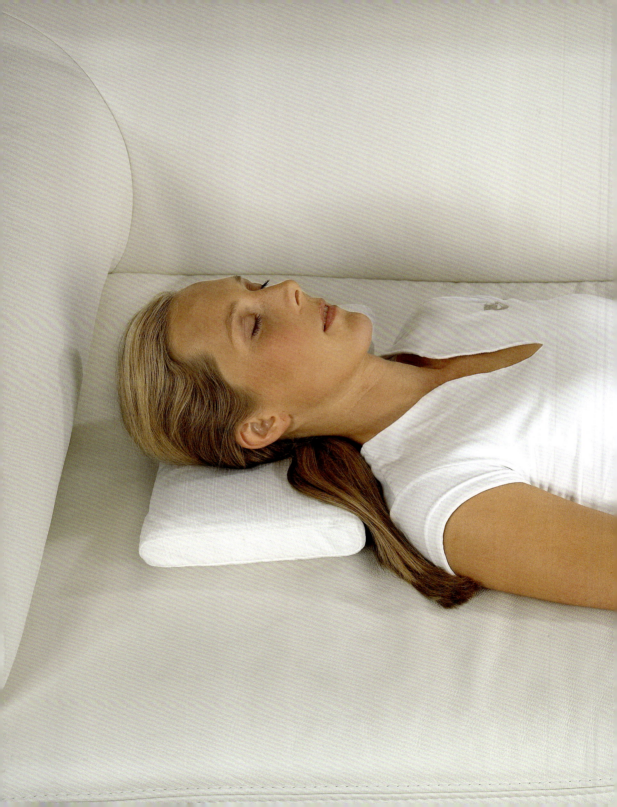

ANJA SCHWARZ
ALJOSCHA SCHWARZ

Autogenes Training

So gelingt's von Anfang an

Was Sie in diesem Buch finden

Autogenes Training ist mehr als Entspannung! 6

Umschalten auf Entspannung 8

Aus Erfahrung gut 8
Hypnose, Autosuggestion, Autogenes Training 9
Die Umschaltung 11

Tiefenentspannung – Seelenentspannung 12

Stress und seine Folgen 12
Stress leichter bewältigen 13
Körper und Seele im Einklang 13
Schaffen Sie Ihren Ruhepol 15
Finden Sie zu sich selbst 15

AT – eine potente Universalmedizin 16

Die Vorteile des AT im Überblick 16

Autogenes Training 18

Bevor Sie beginnen – Tipps rund ums Üben 20

Wann und wo üben? 20
Üben Sie regelmäßig 21
Nicht zu kurz und nicht zu lange 21

Die geeignete Haltung 22

Im Liegen 22
Im Sitzen 22

Der Ablauf des Autogenen Trainings 24

Zur Ruhe kommen 24
Das Zurücknehmen 25

Was Sie sonst noch wissen sollten 26
Wann Sie besser nicht üben 27

Die Grundstufe des Autogenen Trainings 28

Schritt für Schritt zu tiefer Entspannung 28
Die Formeln richtig einsetzen 28
Die Grundstufe im Überblick 29
Phase 1: Den Körper schwer werden lassen 30
Phase 2: Die Körperwärme regulieren 32
Phase 3: Den Herzschlag wahrnehmen 34
Phase 4: Den Atem erfahren 36
Phase 5: Das Sonnengeflecht spüren 38
Phase 6: Die Nackenspannung loslassen 40
Phase 7: Die Stirn kühlen 42

Die Oberstufe des Autogenen Trainings 44

Was ist die Oberstufe? 44
Voraussetzungen 46
Die »Augen-Umschaltung« 47
Die Übungen der Oberstufe 47

Autogenes Training im Alltag und als Lebenskunst 52

Möglichkeiten der Anwendung 54

Jederzeit entspannt 54
Eigene Formeln finden 56
AT bei Alltagsbeschwerden 58
Autogenes Erfolgstraining 59
Vorsätze verwirklichen 60
AT als westliche Meditation 61

Stichwortverzeichnis/Literatur 62

Autogenes Training ist mehr als Entspannung!

Leiden Sie unter Stress? Müssen Sie immer wieder Pausen einlegen, ohne sich dabei richtig erholen zu können? Dann ist das Autogene Training ideal für Sie: Es hilft Ihnen, sich in kurzer Zeit wirklich zu entspannen und neue Kräfte zu mobilisieren – und zwar nicht nur auf körperlicher, sondern auch auf seelischer Ebene. Alles, was Sie dafür brauchen, ist ein wenig Übung und etwas Hintergrundwissen – und schon haben Sie es in der Hand, sich jederzeit eine wirkungsvolle Entspannungspause zu gönnen.

Umschalten auf Entspannung

Das Autogene Training (AT) ist eine bewährte Methode, um aus eigener Kraft körperliche und seelische Spannungen abzubauen und sich mit neuer Energie zu versorgen. Das Wort *autogen* stammt aus dem Griechischen und bedeutet so viel wie *selbsttätig, von selbst entstehend*, und genau das soll das Autogene Training auch sein: eine Methode, mit der jeder Mensch unabhängig von Hilfsmitteln oder anderen Personen körperliche und seelische Spannungen abbauen und damit sein Wohlergehen fördern kann.

Sie möchten ohne großen Aufwand von Stress und Hektik auf Entspannung und Gelassenheit umschalten? Dann liegen Sie mit den Übungen des Autogenen Trainings genau richtig.

Aus Erfahrung gut

Die Technik des Autogenen Trainings wurde von dem Berliner Nervenarzt und Psychotherapeuten Johann Heinrich Schultz (1884–1970) auf der Basis ärztlicher Hypnose entwickelt

Auszeiten sind für unser Wohlbefinden unersetzlich. Das Autogene Training entspannt nicht nur die Muskulatur, sondern wirkt grundlegend.

und 1932 in seinem Standardwerk »Das Autogene Training. Konzentrative Selbstentspannung« vorgestellt. Schultz hatte bereits vorher mit hypnotischen Behandlungsverfahren und Techniken der Selbsthypnose gearbeitet und deren heilsame Wirkung erforscht. Aufgrund dieser Erfahrungen und angeregt durch die Beobachtung des Hirnforschers Oskar Vogt, der feststellte, dass mit Hypnose behandelte Patienten sich im Laufe der Zeit zunehmend auch selbst in einen hypnotischen Zustand versetzen können, fand er eine Methode, um die heilsame Wirkung der Hypnose selbstständig, also ohne Hypnotiseur, nutzen zu können.

Seit diesen Anfängen wurde das Autogene Training von vielen Ärzten, Psychotherapeuten und heilkundlich Tätigen verbreitet, weiterentwickelt und erforscht. Es ist heute eine anerkannte Therapiemethode, deren Wirksamkeit beim Abbau körperlicher und seelischer Spannungen sowie bei der Linderung verschiedener Beschwerden vielfach nachgewiesen wurde. Autogenes Training ist mit gutem Grund eine der im deutschsprachigen Raum am weitesten verbreiteten Entspannungstechniken. Es wird in zahlreichen Kursen unterrichtet und hat schon unzähligen Menschen dabei geholfen, aus eigener Kraft ihre Lebensqualität zu steigern.

In diesem Buch möchten wir Ihnen das Autogene Training vorstellen und Ihnen zeigen, wie Sie es selbst lernen und anwenden können. Zunächst werden Sie einiges über die Grundlagen und Wirkung des Autogenen Trainings erfahren. Der zweite Teil des Buches leitet Sie darin an, das Autogene Training

Schritt für Schritt zu erlernen, bis Sie es jederzeit einsetzen können. Im dritten Teil schließlich stellen wir Ihnen verschiedene Anwendungsmöglichkeiten im täglichen Leben vor, sodass Sie AT schließlich auf vielfältige Weise nutzen können.

Hypnose, Autosuggestion, Autogenes Training

J. H. Schultz hat mit dem Autogenen Training eine Methode der Selbsthypnose entwickelt, die Patienten die Möglichkeit geben sollte, auch ohne die Hilfe eines Hypnotiseurs die heilsamen Wirkungen hypnotischer Bewusstseinszustände zu nutzen.

Die ärztliche Hypnose ist ein seit langer Zeit bekanntes, gut erforschtes und auch von der Schulmedizin und Psychologie akzeptiertes Heilverfahren. Dennoch hat sie auch heute unter Mythen und Missverständnissen zu leiden, die durch die missbräuchliche Verwendung hypnotischer Techniken entstanden sind und die in der Vorstellung gipfeln, dass der Hypnotiseur den wehrlosen Opfern seinen Willen aufzwingt.

In Wirklichkeit führt die Hypnose lediglich in einen veränderten Bewusstseinszustand, der sich sowohl vom Wach- als auch vom Schlafzustand messbar unterscheidet. In diesem tranceartigen Zustand sind Konzentration und Aufmerksamkeit ganz auf das momentane innere Geschehen gerichtet, und der Hypnotisierte nimmt sich mit all seinen Sinnen wahr – auch wenn ihm das äußerlich kaum anzusehen ist und er sich je nach Tiefe der Trance später auch selbst nicht unbedingt daran erinnert. Die Vorgänge in seiner Umgebung sind seiner Aufmerksamkeit während der Hypnose weitgehend entzogen.

Heilsame Wirkungen der Hypnose

Im Zustand der Hypnose verändert sich nicht nur der Bewusstseinszustand. Auch einige vegetative Körperfunktionen, die sich normalerweise nicht bewusst beeinflussen lassen, können sich unter Hypnose nachweislich ändern. Hervorzuheben sind dabei vor allem die folgenden:

- Die Blutgefäße erweitern sich, sodass der gesamte Körper besser durchblutet wird und ein angenehmes Wärmegefühl entsteht.
- Der Muskeltonus, also die Grundspannung der Muskeln, verändert sich. In den meisten Fällen verringert er sich, sodass ein Gefühl von Schwere entsteht und der Hypnotisierte den Eindruck hat, sich nicht mehr bewegen zu können. Allerdings kann der Muskeltonus sich auch erhöhen, und es kommt zu einer Bewegungsstarre (Katalepsie). Diese macht sich für den Hypnotisierten ebenfalls dadurch bemerkbar, dass er sich bewegungsunfähig, dabei aber nicht angespannt fühlt.
- Die Ausschüttung von Stresshormonen wird verringert, ihr Pegel im Körper sinkt ab.
- Die Wundheilung wird verbessert, das Immunsystem kann effektiver arbeiten.
- Auch das Gehirn wird vermehrt durchblutet, und die Hirnstrommuster verändern sich.

Die Kraft der Autosuggestion

Unter Hypnose verändert sich die Aktivität im Gehirn, und die Tore zum Unbewussten sind weiter geöffnet als sonst. Daher eignet sich Hypnose sehr gut dazu, sich an eigentlich Vergessenes zu erinnern oder Suggestionen aufzunehmen, die im Wachzustand eher abgelehnt werden oder schwer umzusetzen sind, wie beispielsweise das Rauchen aufzugeben. Entgegen populärer Vorurteile ist es allerdings nicht möglich, eine Person unter Hypnose zu etwas zu zwingen, das sie im Wachzustand nicht ebenfalls bereit wäre zu tun – auch der Raucher möchte ja aufhören, selbst wenn ihn die Sucht immer wieder zum Glimmstängel treibt.

Der direkte Einfluss auf das Unbewusste ist nicht nur hilfreich, um schlechte Gewohnheiten aufzugeben: Suggestionen geben uns die Möglichkeit, auch in vielen anderen Lebensbereichen bewusst Einfluss auf unsere Entwicklung, unser Wohlbefinden und unsere Gesundheit zu nehmen.

Die Kraft der Autosuggestion wurde als Erstes von Emile Coué erkannt, einem Zeitgenossen von Sigmund Freud. Er beschäftigte sich zunächst mit Hypnose und Suggestionstherapie, bis ihm klar wurde, dass jede Suggestion – beispielsweise durch einen Hypnotiseur – erst dadurch wirksam wird, dass der Patient sie sich aneignet und in eine Auto-, also Eigensuggestion verwandelt (auch wenn ihm das in der Regel nicht bewusst ist). Ein hypnotischer Zustand ist dafür zwar hilfreich, aber nicht zwingend nötig. Er erleichtert es jedoch, dass die (Auto-)Suggestion vom Unbewussten aufgenommen wird.

Autosuggestionen sind übrigens ein ganz normaler Bestandteil unseres Lebens: Ständig beeinflussen wir uns mit inneren Monologen, Bestärkungen und Befürchtungen selbst – oft mit belastenden Dingen, beispielsweise dass wir für ein erfolgreiches Bewerbungsgespräch viel zu nervös oder beim Tanzen einfach unbeholfen wären. Auch die Werbeindustrie scheut weder Kosten noch Mühen, um uns ihre Einflüsterungen so nahezubringen, dass wir sie in Autosuggestionen umsetzen und entsprechend einkaufen. All dies vollzieht sich in der Regel unbewusst. Wenn Sie Autosuggestionen aber bewusst einsetzen, können Sie deren positive Kraft nutzen, um Ihr Leben so zu beeinflussen, wie Sie es sich wünschen.

Die Seele baumeln lassen – mit Autogenem Training.

Formeln helfen beim Entspannen

Im Autogenen Training ist die heilsame Wirkung der Hypnose vereint mit einer weiteren Erkenntnis: nämlich, dass bewusste Autosuggestion körperliche wie seelische Vorgänge über das Unbewusste beeinflussen kann. Kurze, eingängige Formeln werden benutzt, um sich in einen Zustand leichter Selbsthypnose zu versetzen. Die Worte »Ich bin ganz ruhig« oder »Mein rechter Arm ist schwer« wirken wie Autosuggestionen.
J. H. Schultz ersetzte den Begriff »autosuggestiv« durch »konzentrativ«. Dabei ist jedoch nicht die aktive Konzentration durch Willenskraft gemeint, sondern eine entspannte Zuwendung der Aufmerksamkeit an das Autogene Training, die oft auch als passive Konzentration bezeichnet wird und die Wirksamkeit der Autosuggestionen fördert.

Die Umschaltung

Erstes Ziel des Autogenen Trainings ist es, durch einfache Formeln und Vorstellungen in einen tiefen Entspannungszustand umzuschalten. Dabei wird körperliche wie geistige und seelische Entspannung erreicht. Dieser leicht hypnotische und tief entspannte Zustand ist die Basis des Autogenen Trainings, denn jetzt können sich körperliche und psychische Funktionen normalisieren, und die Selbstheilungskräfte werden aktiviert. Außerdem ist es so leichter möglich, Leitsätze im Unterbewusstsein zu verankern, die das Wohlbefinden fördern und Sie darin unterstützen, Ihre persönlichen Ziele zu erreichen.

Tiefenentspannung – Seelenentspannung

Obwohl sich das Autogene Training durch eine Vielzahl positiver Wirkungen auszeichnet, steht für die meisten Anwender vor allem eine davon im Vordergrund: tiefe Entspannung. Die ist heute wichtiger denn je, denn es gibt kaum jemanden, der nicht zumindest gelegentlich unter Stress und den damit verbundenen körperlichen und seelischen Spannungen leidet. Job, Partnerschaft, Familie, Freunde, Hobbys, Sport und, und, und – auf Dauer bleibt praktisch niemand vom Termindruck unserer Zeit verschont.

Stress und seine Folgen

Ohne Spannung wäre das Leben langweilig: Wir brauchen eine ausgewogene Mischung aus Spannung und Entspannung, um in Schwung zu bleiben, uns zu besseren Leistungen zu motivieren und uns rundum wohlzufühlen. Ohne ausreichende Anstrengungen verlieren unsere Muskeln und Knochen an Kraft und Stabilität. Körperliche und geistige Herausforderungen regen uns dazu an, unser gesamtes Potenzial auszuschöpfen. Und nicht zuletzt lieben die meisten Menschen Filme und Bücher, bei denen ihnen ein wenig Aufregung das Gefühl vermittelt, lebendig zu sein. Zu viel Spannung kann allerdings auch schädlich sein, weil sie unsere Kraftreserven aufbraucht und danach mehr Zeit zur Erholung nötig wäre, als wir in der Regel haben. Ein eher harmloses Beispiel sind allzu spannende

Thriller, die bei empfindsamen Menschen für so viel Aufregung sorgen, dass sie danach kaum schlafen können. Deutlich schlimmer ist es, wenn wir dauernd überfordert oder mit Belastungen konfrontiert werden und nahezu ständig unter Strom stehen.

Das kommt leider gar nicht so selten vor: Der Begriff Stress ist heutzutage aus gutem Grund in aller Munde. Wir haben Stress im Beruf, wo wir immer höhere Anforderungen in immer kürzerer Zeit erfüllen sollen. Einer der größten Stressfaktoren in diesem Bereich ist die Angst, den Arbeitsplatz zu verlieren – ein Grund für viele, sich zu noch mehr Leistung anzutreiben.

Auch das Zusammenleben mit Partner und Familie ist niemals ganz stressfrei, denn schließlich ist es fast unmöglich, alle Wünsche unter einen Hut zu bringen. Und wenn dann trotz Job noch Kinder betreut und in ihren Hobbys und Aktivitäten unterstützt werden wollen, ist gerade für Mütter die Belastungsgrenze schnell erreicht.

Nicht zu vergessen der Freizeitstress: Selbst in der Zeit, die eigentlich der Erholung dienen sollte, laden wir uns oft zusätzliche Termine und Aktivitäten auf: Familie und Freunde wollen mit uns ins Kino oder zum Kaffeetrinken, eigentlich sollten wir mal wieder etwas für unseren Körper und die Gesundheit tun, und die liegengebliebene Hausarbeit ruft neben der Steuererklärung auch noch.

Es ist gar nicht so einfach, aus diesem Hamsterrad von (vermeintlichen) Verpflichtungen

wenigstens gelegentlich auszubrechen. Und doch ist das unglaublich wichtig, da Stress eine der größten Belastungen für unsere Gesundheit ist!
Die Wissenschaft findet immer neue Beweise dafür, dass Stress bei praktisch allen Zivilisationskrankheiten eine entscheidende Rolle spielt. Er wirkt sich schädlich auf Herz und Gefäße aus, beeinträchtigt die gesunde Funktion des Nervensystems, und nicht zuletzt schwächt er unser Immunsystem. Anhaltender Stress verkürzt nachweislich die Lebensdauer. Darüber hinaus schränkt er die Lebensqualität in dieser kürzeren Lebensspanne auch noch ganz erheblich ein und wirkt somit doppelt schädlich.

Stress leichter bewältigen

Fühlen Sie sich oft scheinbar grundlos müde und abgespannt? Fragen Sie sich, wie Sie mit allen Aufgaben und Belastungen fertig werden sollen, oder leiden Sie vielleicht sogar unter Nervosität, Magenbeschwerden und schmerzhaften Verspannungen? All das kann eine direkte Folge von zu viel Stress sein. Stress verursacht auf körperlicher und psychischer Ebene Spannungen, die sich normalerweise in ausreichend langen Erholungsphasen von alleine wieder abbauen. Wer jedoch permanentem Stress ausgesetzt ist oder zu wenig Zeit zum Erholen hat, der muss aktiv etwas für seine Entspannung tun, um den schädlichen Folgen des Dauerdrucks entgegenzuwirken. Das Autogene Training ist dafür geradezu ideal, weil es nicht nur für körperliche Erholung sorgt, sondern auch seelische Spannungen abbaut und so eine umfassende Tiefenentspannung ermöglicht.

Körper und Seele im Einklang

Wie der Stress selbst, so kann auch Entspannung auf mehreren Ebenen ansetzen. Zum einen geht es darum, verkrampfte, angespannte Muskeln zu lockern. Um eine wirklich tief gehende Entspannung zu erfahren, ist es jedoch nötig, auch die hinter den Muskelverkrampfungen stehenden seelischen Spannungen zu lösen oder zumindest zu lindern.
Der enge Zusammenhang zwischen Körper und Psyche ist schon lange kein Geheimnis

Um Gelassenheit zu erreichen, muss die Seele, nicht nur die Muskulatur entspannen.

Im Autogenen Training wird ein anderer Bewusstseinszustand erreicht, der die seelischen Verspannungen im Laufe der Zeit auflöst.

mehr, und er wird in der Psychosomatik zunehmend besser erforscht. Daher ist auch gut bekannt, dass beispielsweise verkrampfte Schultern nicht immer nur von Fehlhaltungen oder zu großen Belastungen herrühren, sondern oft durch psychische Spannungen entstehen oder durch diese deutlich verschlimmert werden.

Seelischer Druck, aber auch Ängste führen zu konkreten körperlichen Reaktionen: Die Muskelspannung erhöht sich – vor allem im Bereich von Schultern und Nacken kommt es unwillkürlich zu Verspannungen, wenn wir die Schultern hoch- oder den Nacken einziehen. Darüber hinaus sorgen die verstärkt ausgeschütteten Stresshormone dafür, dass der gesamte Organismus in Alarmbereitschaft versetzt wird.

Über weite Teile der menschlichen Evolution war das eine sinnvolle Reaktion auf Gefahren, die durch Flucht oder Angriff abgewehrt oder vermieden werden konnten. Heute haben unsere Ängste und der Stress, dem wir ausgesetzt sind, fast immer andere Ursachen, denen wir nicht mit einer körperlichen Reaktion begegnen können. Und die Anspannung im Job oder in zwischenmenschlichen Konflikten hält oft lange an, manchmal Stunden oder sogar Tage. Wirkliche Entspannung können Sie daher erst dann erleben, wenn nicht nur auf körperlicher Ebene muskuläre Verkrampfungen gelöst werden, sondern auch die Psyche vom Druck befreit wird.

Es gibt eine Vielzahl bewährter Entspannungsmethoden wie beispielsweise PMR, die Progressive Muskelrelaxation nach Jacobson, die sich hervorragend dafür eignen, kurzfristig muskuläre Spannungen abzubauen. Bei seelischen Spannungen ist deren Wirksamkeit aber eher begrenzt. Zwar hat die körperliche Entspannung auf indirektem Weg auch eine entlastende Wirkung auf die Psyche, doch in vielen Fällen bleibt das Ganze oberflächliche Kosmetik, sodass sich schon bald wieder körperliche Beschwerden einstellen. Anders dagegen das Autogene Training: Durch den besonderen Bewusstseinszustand, den Sie damit erreichen, können Sie auch seelische Spannungen lösen und so eine wirkliche Tiefenentspannung erreichen.

Schaffen Sie Ihren Ruhepol

Der besondere Wert des Autogenen Trainings liegt nicht allein darin, dass es die Folgen von Stress besser zu bewältigen hilft, sondern dass es Ihre Widerstandsfähigkeit gegen Druck von Grund auf stärkt und erhöht. Mit dem Autogenen Training haben Sie eine wirkungsvolle Methode zur Hand, Stresssituationen schon im Vorfeld zu entschärfen. So können Sie es beispielsweise direkt vor einem Bewerbungsgespräch oder einer Prüfung einsetzen, um Ihre Nervosität in den Griff zu bekommen, oder sich auf schwierige Aufgaben mit einem passenden Leitsatz vorbereiten. Sportler setzen das Autogene Training auch gerne ein, um sich mental auf einen Wettkampf vorzubereiten.

Je mehr Übung Sie mit AT haben, desto schneller tritt seine Wirkung ein, wenn Sie es anwenden. Während es bei Anfängern noch

einige Minuten dauert, bis sich beispielsweise Ruhe und das Schwere- oder Wärmegefühl der ersten Stufen einstellen, genügen bei Fortgeschrittenen oft schon einzelne Wörter, damit sie in Sekundenschnelle in einen ruhigen, entspannten Zustand gleiten – die perfekte Voraussetzung, um in schwierigen Situationen gelassen zu bleiben und in der Folge so zu reagieren, wie Sie es möchten. Allein schon deshalb ist das Autogene Training von unschätzbarem Wert.

Finden Sie zu sich selbst

Bei regelmäßiger Anwendung führt Autogenes Training dazu, dass Sie mehr Gelassenheit und dadurch auch Selbstsicherheit entwickeln. Wenn Sie sich eine Situation ruhig betrachten können, ohne gleich in ein unbewusstes Handlungsmuster zu rutschen, stehen Ihnen ganz neue Wege offen. Darüber hinaus hilft Ihnen AT dabei, sich selbst besser kennenzulernen, denn sobald Sie die autogene Umschaltung beherrschen, können Sie den damit erreichten Entspannungszustand nutzen, um Kontakt zu Ihren Gefühlen herzustellen. Außerdem können Sie Ihre Schwächen und Stärken besser kennenlernen, neue Perspektiven erkennen, entdecken, was Ihre wahren Ziele im Leben sind, und einen Weg finden, diese zu verwirklichen. So kann es beispielsweise sein, dass Sie endlich den Mut finden, das zu tun, was Sie im Grunde Ihres Herzens immer schon tun wollten, aus unklaren Ängsten heraus bisher aber stets vor sich hergeschoben haben.

AT – eine potente Universalmedizin

Inzwischen ist Ihnen bestimmt bewusst, dass das Autogene Training sich von einfachen Entspannungstechniken grundlegend unterscheidet. Durch seine tief greifende Wirkung können Sie damit weit mehr erreichen als zum Beispiel durch Sport, der ja ebenfalls körperliche Spannungen lösen hilft. In vieler Hinsicht ist das Autogene Training ein echtes Heilmittel, das heutzutage von zahlreichen Ärzten unterstützend bei der Behandlung psychischer wie physischer Krankheiten eingesetzt wird.

Falls Sie das Autogene Training bei konkreten Beschwerden nutzen wollen, möchten wir Ihnen empfehlen, einen Kurs bei einem qualifizierten Lehrer zu belegen. Viele Volkshochschulen und einige Fitnessstudios bieten AT-Kurse an. So haben Sie bei allen Fragen einen kompetenten Ansprechpartner. J. H. Schultz, der Entwickler des AT, hat sogar gefordert, dass das Autogene Training ausschließlich unter ärztlicher Aufsicht erlernt werden sollte, was bei Erkrankungen durchaus sinnvoll ist. Unter Umständen beteiligt sich dann auch Ihre Krankenkasse an den Kosten.

Wer das Autogene Training in erster Linie einsetzen möchte, um sein Wohlbefinden zu steigern und die Gesundheit zu stärken, für den sind dieses Buch und die CD genau das Richtige und eine kostengünstige Alternative zu einem geleiteten Kurs.

Autogenes Training wird meist nicht im Einzelunterricht, sondern in der Gruppe gelehrt. In manchen Kursen – gerade an Volkshochschulen – sind diese Gruppen sehr groß, sodass der direkte Kontakt zum Lehrer kaum möglich ist. Gegenüber dem Selbststudium hat der Unterricht dann nur noch geringe Vorteile. Falls das Autogene Training als Therapie gedacht ist, sollte die Teilnehmerzahl nicht mehr als zehn Personen betragen.

Die Vorteile des AT im Überblick

Das Autogene Training entfaltet bei regelmäßiger Übung gleich doppelte Wirkung: Zum einen kann es vorbeugend angewandt werden, sodass sich Ihr Allgemeinbefinden verbessert und Ihre Gesundheit gestärkt wird; zum anderen können Sie es ganz spezifisch gegen bestimmte Beschwerden einsetzen.

Für eine starke Gesundheit

AT verfolgt in mehrerer Hinsicht einen ganzheitlichen Ansatz: Es betrachtet Körper, Seele und Geist als Einheit, die nicht unabhängig voneinander, sondern stets in ihrer Gesamtheit behandelt werden wollen. Und es kann zur Vorbeugung von Beschwerden ebenso eingesetzt werden wie bei ihrer Behandlung. Darüber hinaus verbessert das Autogene Training insgesamt die Lebensqualität, indem es Gesundheit, Widerstandskraft und Belastbarkeit erhöht. Folgende positive Wirkungen sind darüber hinaus belegt:

- Geringere Anfälligkeit gegen Stress und dessen Folgen, die zudem besser verarbeitet werden
- Entspannung für Körper, Seele und Geist
- Stärkung des Immunsystems
- Harmonisierung des vegetativen Nervensystems
- Gelassenere Lebenseinstellung
- Bessere Konzentrationsfähigkeit
- Steigerung der körperlichen und geistigen Leistungsfähigkeit
- Mehr Ruhe und Ausgeglichenheit im Alltag
- Leichteres Ein- und Durchschlafen, allgemein erholsamerer Schlaf

Wirkungsvoll gegen Krankheiten und Beschwerden

Obwohl das Autogene Training nicht als alleinige Behandlungsmethode bei bestehenden Erkrankungen eingesetzt werden sollte, kann es im Rahmen einer ganzheitlichen Behandlung andere medizinische Maßnahmen positiv unterstützen. Wer in ärztlicher Behandlung ist oder ständig Medikamente nehmen muss, sollte am besten mit seinem Arzt sprechen, bevor er mit dem Autogenen Training beginnt. Eventuell kann es die Wirkung des Autogenen Trainings auch nötig machen, die Dosierung von Medikamenten genauer zu überwachen oder anzupassen, beispielsweise, wenn der stressbedingt erhöhte Blutdruck wieder absinkt oder Schlafstörungen verschwinden. Wissenschaftliche Untersuchungen legen nahe, dass Ihnen Autogenes Training helfen kann, wenn Sie unter einer der folgenden Beschwerden leiden:

- Stressbedingte Krankheiten und Befindlichkeitsstörungen
- Bluthochdruck (der nicht auf einer geklärten organischen Ursache beruht)
- Asthma
- Kopfschmerzen und manche Formen von Migräne
- Schlafstörungen (Durchschlaf- und Einschlafstörungen)
- Ekzeme
- Tinnitus
- Fibromyalgie (chronische, nichtentzündliche Schmerzerkrankung)
- Reisekrankheit (Übelkeit und Schwindelgefühl)
- Funktionsstörungen des vegetativen Nervensystems
- Angina pectoris (anfallsartiger Brustschmerz)
- Glaukom (grüner Star)

Bitte beachten Sie

Auch wenn Sie mithilfe des Autogenen Trainings viele Erkrankungen lindern oder sogar heilen können, soll es doch auf keinen Fall den Gang zum Arzt oder die von ihm verschriebene Behandlung ersetzen. Versuchen Sie nicht, selbst eine Diagnose zu stellen. Manche Krankheiten haben ähnliche Symptome, jedoch unterschiedliche Ursachen. Eine gesicherte Diagnose hilft in der Regel sogar dabei, das Autogene Training gezielt mit einem passenden Leitsatz zur Unterstützung einzusetzen.

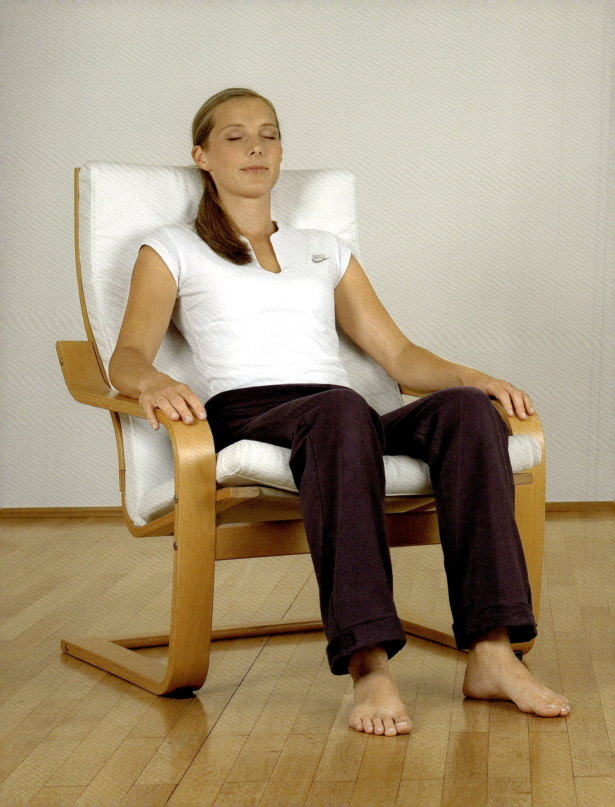

Autogenes Training

Das Autogene Training besteht aus einer festgelegten Reihe von Phasen, die aufeinander aufbauen. Mit zunehmender Übung können Sie diese Phasen immer schneller durchlaufen. Zunächst ist es jedoch nötig, dass sie Schritt für Schritt eingeübt werden, bis Sie sie sicher beherrschen. Wie das am besten funktioniert, erfahren Sie auf den folgenden Seiten.

Bevor Sie beginnen – Tipps rund ums Üben

Einer der wichtigsten Aspekte beim Autogenen Training ist, dass Sie es selbstständig durchführen können – unabhängig von Hilfsmitteln, einem Therapeuten oder bestimmten Ort. Gerade deshalb ist es jedoch wichtig, einige grundlegende Voraussetzungen fürs Üben zu beachten. Bitte lesen Sie die Tipps auf den folgenden Seiten vor Ihren ersten Schritten im Autogenen Training aufmerksam durch und verinnerlichen Sie sie. Sie werden Ihnen dabei helfen, beim Üben schnell Erfolge zu erzielen und das Autogene Training sicher zu erlernen.

Wann und wo üben?

Sobald Sie das Autogene Training gut beherrschen, können Sie es nahezu jederzeit und überall durchführen. Hauptsache, Sie sind einige Minuten ganz bei sich selbst. Zu Anfang wird es Ihnen aber leichter fallen, wenn Sie sich für die Dauer der Übung an einen ungestörten Ort zurückziehen.

Sie müssen keine großen Vorbereitungen treffen, um mit dem Üben zu beginnen. Es wird Ihnen jedoch helfen, wenn Sie die folgenden Tipps beherzigen:

- Schaffen Sie eine Wohlfühl-Atmosphäre: Lüften Sie den Raum, in dem Sie üben wollen, und sorgen Sie für angenehme Beleuchtung und Wärme. Verzichten Sie beim Üben auf lebhafte Musik, Raumdüfte, flackernden Kerzenschein und Ähnliches. Auch wenn es Ihnen möglicherweise sonst beim Entspannen hilft, würde es beim Autogenen Training nur ablenken.
- Sorgen Sie dafür, dass Sie ungestört sind, indem Sie Telefon, Handy und Türklingel stummschalten und Ihre Mitbewohner informieren, dass Sie nicht gestört werden möchten.
- Sie müssen sich für das Autogene Training nicht extra umziehen. Günstig ist jedoch bequeme Kleidung, die Ihren Körper nicht einengt. Lockern Sie auf jeden Fall enge Gürtel oder Kragenknöpfe. Falls Sie eine Brille tragen, legen Sie diese ab. Auch Kontaktlinsen können beim Üben stören.

Autogenes Training können Sie überall durchführen – ganz ohne Hilfsmittel.

Autogenes Training wird von vielen Menschen morgens oder abends geübt, wenn sie noch oder schon im Bett liegen. Das hat mehrere Vorteile: Morgens kann AT dabei helfen, gelassen und voller Energie in den Tag zu starten – sofern Sie es schaffen, beim Üben nicht wieder einzuschlafen. Abends dagegen erleichtert es das Autogene Training, über den Tag hinweg aufgebaute Spannungen loszulassen und leichter einzuschlafen.

Sinnvoll ist es aber auch, wenn Sie untertags üben. Bauen Sie das Autogene Training am besten so in den Tagesablauf ein, dass es immer zum gleichen Zeitpunkt stattfindet, zum Beispiel vor dem Mittagessen oder gleich nach der Arbeit. Achten Sie darauf, wann Ihnen das Üben leichter oder schwerer fällt: Viele finden es beispielsweise gar nicht einfach, sich direkt nach dem Essen auf das Autogene Training zu konzentrieren.

Üben Sie regelmäßig

Wichtiger als der konkrete Zeitpunkt, zu dem Sie üben, ist, dass Sie es regelmäßig tun: Mit nur gelegentlichem Üben kann das Autogene Training kaum seine Wirkung entfalten. Wie bei jeder Art des Trainings ist Ihr Erfolg umso größer, je ausdauernder Sie dabeibleiben – und gleichzeitig wird Ihnen das Üben dadurch immer leichter fallen.

Vor allem zu Beginn empfiehlt es sich, zwei Mal täglich AT zur praktizieren. Machen Sie das Autogene Training am besten zu einem kleinen Ritual, das zu Ihrem Leben gehört wie Essen oder Zähneputzen. So wird es schnell zu einer wohltuenden Gewohnheit, die bald auch spürbare Wirkung zeigt. Gewohnheit ist eine starke Kraft, die alles einfacher werden lässt!

Nicht zu kurz und nicht zu lange

Je mehr Erfahrung Sie mit dem Autogenen Training sammeln, desto schneller werden Sie die Übungen so durchführen können, dass Sie sich danach entspannt und erholt fühlen. Gleichzeitig wird es Ihnen im Laufe der Zeit auch immer leichter fallen, den hypnotischen Zustand des AT zu erreichen und darin zu verweilen.

Solange Sie die Grundstufe noch nicht vollständig erlernt haben, empfiehlt sich eine Übungsdauer von drei bis fünf Minuten. Gerade Anfängern fällt es schon nach dieser kurzen Zeit schwer, sich noch zu konzentrieren. Achten Sie dennoch auch in der Lernphase darauf, nicht kürzer als zwei Minuten zu üben, da das Training sonst kaum wirkt. Machen Sie es sich nicht durch Ungeduld schwer! Sie können darauf vertrauen, dass regelmäßiges Üben Sie Ihrem Ziel, tiefe Entspannung zu erreichen und seelische Blockaden zu lösen, in kleinen Schritten näher bringt. Üben Sie nicht mehr und nicht weniger, als Ihnen guttut – auch wenn das manchmal heißt, sich zum Üben zu überwinden.

Unser Rat

Das Wichtigste ist, dass Sie regelmäßig üben – und besser zwei Mal täglich kurz als ein Mal lange. Machen Sie das Autogene Training zu einem festen Teil Ihres Tagesablaufs!

Die geeignete Haltung

Autogenes Training kann im Laufe der Zeit ein Begleiter in allen Lebenslagen werden. Daher gehört es zu den Zielen der Lernphase, dass Sie es in unterschiedlichen Haltungen beherrschen. Solange Sie zu Hause üben, können Sie sich in der Regel problemlos hinlegen. Um jedoch beispielsweise zwischendurch im Büro, auf einer Bahnfahrt oder im Wartezimmer beim Arzt eine kurze AT-Pause einzulegen, ist eine sitzende Haltung praktischer. Daher möchten wir Ihnen empfehlen, nach einer Anfangszeit, in der Sie nur im Liegen oder Sitzen üben, auch andere Variationen auszuprobieren, um sich von äußeren Umständen unabhängig zu machen.

Neben den klassischen Haltungen können Sie das Autogene Training außerdem in allen Sitzhaltungen durchführen, die sich auch zum Meditieren eignen, also im (halben) Lotossitz genauso wie auf einem Meditationskissen oder -hocker.

Unabhängig davon, welche Haltung Sie bevorzugen, gilt stets die Grundregel, dass die Augen während des Autogenen Trainings geschlossen werden.

Üben Sie möglichst bald auch im Sitzen – dadurch wird AT alltagstauglich!

Im Liegen

Für Anfänger ist es oft am leichtesten, das Autogene Training im Liegen zu üben (siehe Foto Seite 20). Legen Sie sich dazu auf den Rücken. Machen Sie es sich bequem, indem Sie Ihren Kopf mit einem Kissen stützen. Ein weiteres Kissen oder ein zusammengerolltes Handtuch unter den Knien können dazu beitragen, dass Sie sich noch besser entspannen. Die Arme liegen locker neben dem Körper. Ihre Beine sind leicht geöffnet, und die Fußspitzen fallen zu den Seiten.

Im Sitzen

Um im Sitzen zu üben, gibt es zwei klassische Varianten, die normalerweise als *Droschken-*

kutscherhaltung und als *Lehnstuhlhaltung* bezeichnet werden. Wichtig ist bei beiden, darauf zu achten, dass Sie den Rücken nicht zu stark krümmen, um den inneren Organen genügend Raum zu lassen.

Die Droschkenkutscherhaltung

Die Droschkenkutscherhaltung geht auf J. H. Schultz zurück. Er wurde durch den Anblick der Berliner Droschkenkutscher dazu angeregt, deren Sitzhaltung bei Pausen auf dem Kutschbock nachzuahmen. Der Kutschbock bietet keine Möglichkeit zum Anlehnen, so dass es für die Kutscher nötig war, im freien Sitzen eine bequeme, entspannende Haltung zu finden.

Um die Droschkenkutscherhaltung einzunehmen, setzen Sie sich auf die vordere Hälfte der Sitzfläche eines Stuhls. Ihre Ober- und Unterschenkel sollten einen rechten Winkel bilden und die Fußsohlen flach auf dem Boden stehen. Die Beine sind leicht geöffnet. Lassen Sie die Arme zunächst locker neben dem Körper hängen, holen Sie tief Luft, und lassen Sie sich beim Ausatmen in sich zusammensinken. Ihr Oberkörper und Ihr leicht nach vorne hängender Kopf bleiben dabei über dem Rumpf im Gleichgewicht. Durch leichtes Vor- und Zurückneigen des Rumpfes können Sie den Punkt finden, an dem Ihr Körper am besten ausbalanciert ist.

Zuletzt legen Sie Ihre Handgelenke locker auf den Oberschenkeln ab, sodass Ihre Hände an den Oberschenkelinnenseiten liegen. Achten Sie bitte darauf, sich nicht mit den Armen abzustützen.

Sie können es sich ruhig bequem machen. Achten Sie nur darauf, nicht einzuschlafen.

Die Lehnstuhlhaltung

Bequemer als die Droschkenkutscherhaltung ist die Lehnstuhlhaltung: Dabei sitzen Sie bequem angelehnt, am besten in einem Sessel mit so hoher Lehne, dass Sie auch den Kopf anlehnen können. Falls das nicht möglich ist, setzen Sie sich etwas aufrechter in den Sessel, sodass Ihr Kopf locker nach vorne fällt. Auch in dieser Haltung sollten die Fußsohlen flach auf dem Boden stehen. Die Hände und Unterarme liegen entspannt auf den Oberschenkeln oder – falls vorhanden – den Armlehnen des Sessels.

Der Ablauf des Autogenen Trainings

Ein wichtiger Aspekt des Autogenen Trainings ist, dass die Übungen jedes Mal demselben Schema folgen. Wenn der Ablauf gleich bleibt, tritt schnell ein Lern- und Gewöhnungseffekt ein, der dafür sorgt, dass Sie immer sicherer und in kürzerer Zeit den gewünschten tiefen Ruhezustand erreichen. Dieser Ablauf besteht aus drei grundlegenden Schritten:

1. Einstimmung auf innere Ruhe
2. Verschiedene Übungsphasen der Grund- und Oberstufe
3. Zurücknehmen: Rückkehr zum Alltags- bewusstsein

Variabel ist, was innerhalb des zweiten Schritts abläuft. Während Sie das Autogene Training erlernen, werden Sie hier eine unterschiedliche Anzahl von Übungsphasen durchlaufen. Später können Sie AT in diesem Bereich an Ihre akuten Bedürfnisse anpassen. Beginn und Abschluss jeder AT-Sitzung bestehen immer darin, dass Sie sich zuerst auf Ruhe einstellen und zuletzt den leicht hypnotischen Bewusstseinzustand, den das Autogene Training hervorruft, wieder aktiv beenden.

Zur Ruhe kommen

Eines der wichtigsten Ziele des Autogenen Trainings ist es, innerlich zur Ruhe zu kommen. Daher mag es überraschend sein, dass das Training schon vor der ersten Phase mit der Formel »Ich bin ganz ruhig« beginnt. Als Einstimmung ist diese Formel allerdings absolut grundlegend und begleitet Sie die gesamte Übung hindurch, damit Ihnen Ihr Ziel, ruhig zu werden, bewusst bleibt. Diese auch als Ruhetönung bezeichnete innere Sammlung ist keine eigene Übung, sondern eher ein Sich-Einstellen auf die daran anschließenden Übungen. Während es anfangs noch schwierig sein mag, sich schnell auf innere Ruhe einzulassen, werden Sie im Lauf der Zeit bemerken, dass Sie allein schon durch die Ruheformel »Ich bin ganz ruhig« fast augenblicklich einen entspannten Zustand erreichen.

Grundentspannung – eine Vorübung

Wenn Sie das Autogene Training effektiv lernen wollen, ist es hilfreich, vor der eigentlichen Übung eine Grundentspannung herzustellen. Sehr gut funktioniert eine Kurzform der Progressiven Muskelentspannung, die die Muskeln lockert und Sie unterstützt, schneller spürbare Erfolge mit dem Autogenen Training zu erleben. Führen Sie die Grundentspannung durch, bevor Sie mit der Ruheformel ins Autogene Training starten. Für die Grundentspannung sollten Sie liegen, daher empfiehlt es sich, dann auch das Autogene Training in dieser Haltung durchzuführen.

Legen Sie sich auf den Rücken, und strecken Sie Ihre Arme und Beine bequem aus. Dann schließen Sie die Augen und konzentrieren sich auf Ihr Gesicht. Spannen Sie die Gesichtsmuskeln fest an, indem Sie die Augen zusammenkneifen, die Nase rümpfen, die Stirn in Falten legen und die Lippen fest zusammenpressen, und halten Sie diese Spannung einige Sekunden lang, während Sie ruhig weiteratmen. Dann lassen Sie sie blitzartig los und spüren der daraus entstehenden Entspannung nach.

Als Nächstes ziehen Sie die Schulterblätter zusammen und in Richtung Po und drücken Ihren Hinterkopf, den oberen Teil Ihres Rückens sowie Ihr Becken fest gegen den Boden. Spannen Sie die Bauchmuskeln an, indem Sie Ihren Bauchnabel nach innen und oben ziehen. Ballen Sie die Hände zu Fäusten. Halten Sie die Spannung einige Sekunden und atmen Sie ruhig weiter.

Dann lösen Sie die Spannung wieder blitzartig und genießen anschließend die weiche Welle der Entspannung, die durch Ihren Körper fließt.

Das Zurücknehmen

Die Übungen des Autogenen Trainings werden grundsätzlich mit dem Zurücknehmen abgeschlossen – es sei denn, Sie verwenden das AT als Einschlafhilfe (mehr dazu auf Seite 58). Bei allen anderen Gelegenheiten ist das richtige Zurücknehmen unverzichtbar, um zum wachen Alltagsbewusstsein zurückzukehren. Ohne diesen bewussten Abschluss kann es vorkommen, dass Sie sich nach dem Üben müde und unkonzentriert fühlen, schwerfällig bewegen oder sogar Kopfschmerzen bekommen.

Das Zurücknehmen normalisiert nicht nur den durch das Autogene Training veränderten Bewusstseinszustand, sondern auch den Kreislauf. Da der Blutdruck beim Üben sinkt, könnte es ohne den richtigen Abschluss beim Aufstehen zu Schwindelgefühlen und bei dafür anfälligen Personen sogar zur Ohnmacht kommen.

Sie können das Autogene Training auch als Einschlafhilfe einsetzen. Machen Sie es sich jedoch nicht zur Gewohnheit, beim Üben immer einzuschlafen!

Zurück in den Alltag

Die von J. H. Schultz entwickelte klassische Form des Zurücknehmens besteht aus den folgenden drei Schritten:
1. Zur Formel »Arme fest!« werden mehrere Male energisch die Fäuste geballt und die Arme kräftig angewinkelt und wieder gestreckt.
2. Zur Formel »Tief atmen!« atmen Sie mehrere Male tief ein und wieder aus.
3. Zuletzt öffnen Sie zur Formel »Augen auf!« Ihre Augen. Damit ist die Übung beendet.

Alternativ dazu verwenden manche AT-Lehrer die Formel »Recken – strecken – räkeln – gähnen«. Dabei wird wie beim morgendlichen Aufwachen der gesamte Körper gestreckt und gedehnt, um so zum normalen Wachbewusstsein und Körpergefühl zurückzukehren. Welche Art des Zurücknehmens für Sie ideal ist, probieren Sie am besten aus – während manche Menschen schon mit relativ sanftem Dehnen und Strecken wieder hellwach sind, benötigen andere ein ausgiebiges, kräftiges Zurücknehmen nach der Methode von Schultz. Achten Sie auf jeden Fall beim Beenden darauf, ob Sie sich wieder ausreichend wach und klar fühlen, und dehnen Sie das Zurücknehmen bei Bedarf lieber noch etwas aus. Bei fortgeschrittenen Übenden, die alle Phasen des Autogenen Trainings sicher beherrschen, genügt es oft sogar, anstelle der Armbeugen einfach nur die Fäuste zu ballen und zu strecken – so können Sie das AT auch in der Öffentlichkeit unauffällig durchführen.

Was Sie sonst noch wissen sollten

Das Autogene Training setzt sich aus zwei Teilen zusammen: der Grundstufe und der Oberstufe. Allerdings ist die Oberstufe nicht

Nach der Entspannung kehren Sie aktiv in den Alltag zurück: Erfrischt, erholt und leistungsfähiger als zuvor.

einfach eine Fortsetzung oder Steigerung der Grundstufe. Stattdessen handelt es sich bei Grund- und Oberstufe um zwei verschiedene Techniken, die zum Erreichen unterschiedlicher Ziele eingesetzt werden. In der Grundstufe geht es vor allem darum, tiefe Entspannung für Körper, Seele und Geist zu erreichen, während die Oberstufe Selbsterfahrung ermöglicht und die Verbindung zur eigenen Innenwelt stärkt. Dabei baut die Oberstufe auf der Grundstufe auf, da der tiefe Entspannungszustand (die autogene Umschaltung) die Voraussetzung für die Erfahrungen der Oberstufe bildet.

Autogenes Training in Kurzform

Immer mehr AT-Lehrer unterrichten in ihren Kursen neben der klassischen Form des Autogenen Trainings auch eine Kurzform. Diese beschränkt sich auf die ersten beiden Übungsphasen, die mit der Ruheformel eingeleitet und ganz normal mit dem Zurücknehmen beendet werden. Bei fortgeschrittenen Übenden genügt so schon die Formel »Ruhe – Schwere – Wärme«, um einen umfassenden Entspannungszustand zu erreichen.

So hilft Ihnen die CD

Diesem Buch liegt eine CD bei, auf der Sie durch die Einzelübungen des Autogenen Trainings geführt werden. Manche AT-Lehrer stehen der Verwendung von CDs eher skeptisch gegenüber. Sie begründen dies damit, dass die CD als Hilfsmittel dem Grundgedanken des Autogenen Trainings – nämlich, dass der An-

wender unabhängig und selbstständig üben soll – widerspräche und das Hören der CD eher zur Hypnose denn zur Selbsthypnose führe. Wir finden, dass eine CD in der Phase, in der Sie das Autogene Training neu lernen, sehr nützlich sein kann – insbesondere dann, wenn kein Lehrer zur Verfügung steht. Wichtig ist dabei, dass Sie die CD wirklich nur als Hilfe bei Ihren ersten Schritten mit dem Autogenen Training verwenden. Gehen Sie daher in jeder Phase des AT schon bald dazu über, auch selbstständig zu trainieren, bis Sie die Übung sicher ohne CD beherrschen.

Wann Sie besser nicht üben

Obwohl AT den meisten Menschen nur nützen kann, gibt es auch Fälle, in denen es nicht oder nur unter ärztlicher Anleitung durchgeführt werden sollte. Bei Psychosen, insbesondere der Schizophrenie, und bei Persönlichkeitsstörungen darf AT auf keinen Fall ohne Absprache mit dem behandelnden Arzt eingesetzt werden. Vorsicht ist auch bei einer Neigung zu Panikattacken oder Hypochondrie geboten, vor allem bei Herzphobie – hier ist ein Kurs bei einem qualifizierten Arzt dem Selbststudium vorzuziehen.
Manche Menschen können beim Autogenen Training ungewohnte körperliche Reaktionen wahrnehmen, beispielsweise Herzklopfen. Auch in diesen Fällen möchten wir dazu raten, das Autogene Training anstatt im Selbststudium lieber bei einem qualifizierten Lehrer weiterzulernen, der den Übenden unterstützend begleiten kann.

Die Grundstufe des Autogenen Trainings

Jede Beschäftigung mit dem Autogenen Training muss grundsätzlich damit beginnen, dass die Grundstufe Phase für Phase eingeübt wird – so lange, bis Sie sie in ihrer Gesamtheit gut beherrschen.

Schritt für Schritt zu tiefer Entspannung

Die Grundstufe des Autogenen Trainings besteht aus mehreren aufeinanderfolgenden Übungsphasen. Der Ablauf dieser Phasen wurde von J. H. Schultz so gewählt, dass sie eine zunehmend tiefere Entspannung schaffen. Die Voraussetzung dafür ist regelmäßiges Üben, denn Sie sollten jede Phase erst gut beherrschen, bevor Sie zur nächsten kommen. Je besser Sie die einzelnen Phasen der Grundstufe zu Anfang einüben, desto zuverlässiger können Sie danach jederzeit die Wirkung abrufen.
In der Regel dauert es rund zehn bis 14 Tage, bis Sie eine der Phasen so weit beherrschen, dass Sie zur nächsten übergehen können. Alle sieben Phasen der Grundstufe des Autogenen Trainings lassen sich somit in rund drei Monaten einüben. Falls Ihnen das lang erscheint, bedenken Sie, dass Ihnen das Autogene Training danach für den Rest Ihres Lebens zur Verfügung steht, wenn Sie es regelmäßig anwenden – die drei Monate lohnen sich also auf jeden Fall. Wir möchten Ihnen deshalb besonders ans Herz legen, die verschiedenen Phasen zu Anfang lieber länger und gründlicher zu üben, denn diese Lernphase ist ausschlaggebend für die Erfolge, die Sie danach mit dem AT erleben werden.
Manche AT-Lehrer ändern übrigens den Ablauf der Phasen drei bis sieben, die auch als Organübungen bezeichnet werden. Ein Grund können die individuellen Bedürfnisse des Übenden sein: Bei Herz- oder Atembeschwerden ist es mitunter sinnvoll, diese Übungen erst zu einem späteren Zeitpunkt im Ablauf des Autogenen Trainings einzusetzen. Die Stirnübung bleibt aber auch dann die abschließende Phase des AT. Wir wollen hier nicht näher auf solche Anpassungen eingehen, da wir Ihnen, falls Sie an gesundheitlichen Problemen leiden, zum Besuch eines Kurses mit qualifiziertem Lehrer raten. Die von uns vorgestellte Abfolge der Übungen entspricht – mit Ausnahme der eingeschobenen Nackenübung – der von J. H. Schultz festgelegten Standardreihenfolge.

Die Formeln richtig einsetzen

Besonders wichtig beim Erlernen des Autogenen Trainings ist, dass Sie die Formeln korrekt anwenden. Zu Anfang können Sie sie ruhig leise vor sich hin sprechen, bald werden sie jedoch nur noch gedacht oder tonlos mit Lippen und Zunge geformt. Jede Formel wird dabei mehrmals wiederholt, üblich sind fünf bis sechs Wiederholungen. Je besser Sie die

Übung beherrschen, desto weniger Wiederholungen werden nötig sein, damit sie wirken. Letztlich sind auch die Formeln nur Hilfsmittel, um das autogene Umschalten zu erleichtern, und kein Selbstzweck.

Die Wortwahl der Formeln ist keinesfalls willkürlich – sie wurde schon von J. H. Schultz bewusst so gestaltet, dass sie die größtmögliche Wirkung erzielt. Sobald Sie in den einzelnen Phasen des Autogenen Trainings etwas Übung haben, können Sie die Formeln weiter verkürzen. So wird beispielsweise »Mein rechter Arm ist ganz schwer« im Laufe der Zeit zu »Arm ganz schwer«, und schließlich genügt das Wort »Schwere« allein, um den gewünschten Effekt zu erzielen.

Wichtig ist außerdem, dass Sie Ihre Aufmerksamkeit ganz auf die Formeln konzentrieren – sowohl beim Üben mit der CD als auch später, wenn Sie ohne Hilfsmittel trainieren. Wer nebenbei im Geist die Einkaufsliste durch-

geht, wird damit ganz bestimmt nicht zum Erfolg kommen. Am besten ist es, störende Gedanken einfach vorbeiziehen zu lassen, um sich dann wieder auf die Übung zu konzentrieren, denn das Unterdrücken lenkt nur noch mehr ab.

Die Grundstufe im Überblick

Um Ihnen die weitere Beschäftigung mit der Grundstufe zu erleichtern, möchten wir Ihnen an dieser Stelle einen Überblick über Ablauf, alle sieben Übungsphasen und die dazugehörigen Formeln in ihrer ausführlichen Form geben. Lassen Sie sich davon aber bitte nicht dazu verleiten, beim Üben zu schnell durch die Phasen zu gehen, und nehmen Sie sich ausreichend Zeit, um vertraut mit den Übungen zu werden – die folgende Aufstellung dient nur der Übersicht.

Die Grundstufe des Autogenen Trainings

	Einstimmung auf die innere Ruhe	»Ich bin ganz ruhig.«
		eventuell Grundentspannung
1. Phase	Den Körper schwer werden lassen	»Mein rechter Arm ist ganz schwer.«
2. Phase	Die Körperwärme regulieren	»Mein rechter Arm ist warm.«
3. Phase	Den Herzschlag wahrnehmen	»Mein Herz schlägt ruhig.«
4. Phase	Den Atem erfahren	»Es atmet mich.«
5. Phase	Das Sonnengeflecht spüren	»Sonnengeflecht strömend warm.«
6. Phase	Die Nackenspannung loslassen	»Mein Nacken ist ganz warm und weich.«
7. Phase	Die Stirn kühlen	»Meine Stirn ist angenehm kühl.«
	Zurücknehmen	»Arme fest! – Tief atmen! – Augen auf!«
		oder
		»Recken – strecken – räkeln – dehnen.«

Phase 1: Den Körper schwer werden lassen

Die erste Phase des Autogenen Trainings ist auch als Schwereübung bekannt, da es in ihr darum geht, im Körper genau dieses Gefühl zu erzeugen. Diese Gliederschwere entsteht im Alltag beispielsweise kurz vor dem Einschlafen, wenn sich die Muskeln entspannen. In der Übung lösen Sie auf umgekehrtem Weg durch die Vorstellung des Schweregefühls erst die Muskelentspannung aus.

So wird's gemacht

Beginnen Sie mit der Schwereübung im Anschluss an die Ruhetönung, nachdem Sie sich mit der Formel **»Ich bin ganz ruhig«** auf innere Ruhe eingestellt haben.
Richten Sie Ihre Aufmerksamkeit auf Ihren rechten Arm (Linkshänder beginnen mit dem linken Arm), und sagen Sie sich in Gedanken die Schwereformel vor:

»Mein rechter Arm ist ganz schwer«

Wiederholen Sie diese Formel langsam sechs Mal, während Sie Ihre Wahrnehmung auf die zunehmende Schwere in Ihrem rechten Arm gerichtet halten. Andere Gedanken oder Einfälle, die Ihnen währenddessen möglicherweise in den Sinn kommen, lassen Sie einfach ziehen, ohne ihnen Ihre Aufmerksamkeit zu schenken. Wichtig ist jetzt nur das Schweregefühl in Ihrem Arm.
Im Anschluss wiederholen Sie ein weiteres Mal die Ruheformel:

»Ich bin ganz ruhig«.
Wiederholen Sie diese Abfolge der Formeln (sechs Mal die Schwereformel, ein Mal die Ruheformel) langsam weiter, und ruhen Sie dabei in dem Gefühl der Schwere, das Ihren rechten Arm erfüllt. Nach zwei bis drei Minuten beenden Sie die Übung schließlich mit dem Zurücknehmen: »Arme fest! – Tief atmen! – Augen auf!«

Die Generalisation

Wenn Sie mit dem Autogenen Training beginnen, wird die Schwereformel zunächst nur auf einen Arm angewendet, und zwar auf den, der in Ihrem Bewusstsein stärker präsent ist. Bei Rechtshändern ist das in der Regel der rechte Arm, bei Linkshändern der linke. Für Anfänger ist es meist noch zu schwierig, das Schwere-

Zur Ruhe kommen und die Schwere spüren

gefühl in größeren Körperbereichen wahrzunehmen. Auch bei der Konzentration auf einen Arm kann es oft einige Übungssitzungen dauern, bis Sie tatsächlich ein konkretes Schweregefühl spüren.

Dieses Schweregefühl dehnt sich in der Folge normalerweise ganz von selbst auf den Rest des Körpers aus – ein Vorgang, der als Generalisation bezeichnet wird. Meist wird nach kurzer Zeit auch der andere Arm schwer. Bei manchen Menschen breitet sich die Schwere dagegen zunächst auf derselben Körperseite bis ins Bein aus, bevor sie auf die andere Körperseite wechselt.

Sobald die Generalisation einsetzt, können Sie sie durch eine Anpassung der Formel unterstützen: An die Stelle von »Mein rechter Arm ist ganz schwer« tritt dann »Beide Arme sind ganz schwer« beziehungsweise »Meine rechte Körperseite ist ganz schwer«. Sobald das Schweregefühl auf die Beine übergreift, folgt daraus »Arme und Beine ganz schwer«, und wenn es schließlich den gesamten Körper umfasst, genügt meist schon ein einzelnes Wort: »Schwere«.

Mögliche Schwierigkeiten

Die Schwereübung kann zu ungewohnten Körperempfindungen führen, die Sie aber nicht zu beunruhigen brauchen, sondern im Gegenteil Begleiterscheinungen der erwünschten Entspannung sind. So kann es dazu kommen, dass sich die Gliedmaßen dicker oder größer anfühlen oder dass sich Kribbeln oder Taubheitsgefühle einstellen. Lassen Sie sich von solchen Empfindungen nicht irritieren – sie verschwinden mit dem Zurücknehmen und treten bei regelmäßigem Üben immer seltener auf.

Durch zu angestrengtes Üben kann es auch dazu kommen, dass sich die Muskeln unwillkürlich verkrampfen, anstatt sich zu entspannen. In diesem Fall ist der beste Rat, gelassener an das Autogene Training heranzugehen: Fortschritte stellen sich ganz von alleine ein – versuchen Sie bitte nicht, etwas zu erzwingen. Falls Sie den Eindruck haben, dass Sie mit der Übung gar nicht vorankommen, können Sie die Formel mit dem Fluss Ihres Atems kombinieren, was die Wirkung oft verstärkt. Sprechen Sie dafür die Formel gedanklich im Atemrhythmus: beim Einatmen die Worte »Mein rechter Arm …« und beim Ausatmen das eigentliche Ziel »… ganz schwer«.

Kurz und präzise

Bei der Schwereformel – wie auch bei den Formeln der folgenden Phasen – gilt, dass Sie sie gern an Ihre Bedürfnisse anpassen können, aber nicht zu viele Worte verwenden sollten. »Mein rechter Arm ist ganz schwer« ist die längste Form – mehr Informationen brauchen Sie nicht. Stattdessen können Sie die Formel auch verkürzen, wenn es Ihnen zusagt und die Generalisation voranschreitet. Mögliche Formen sind dann: »Rechter Arm ganz schwer«, »Arme schwer«, »Arme und Beine schwer«.
Ziel ist, schließlich nur noch mit der Kurzformel »Schwere« das Gefühl im gesamten Körper aufzurufen.

Phase 2: Die Körperwärme regulieren

In der zweiten Phase der Grundstufe, der Wärmeübung, rufen Sie statt eines Schweregefühls eines der Wärme hervor. Dadurch, dass Sie sich die Wärme in Ihrem Arm vorstellen, kommt es vor allem an der Körperoberfläche zu einer Entspannung der Blutgefäße.

Die Vorstellung von Wärme beim AT gleicht einem Sonnenbad.

Das wiederum verbessert die Durchblutung, und die Wärme verteilt sich gleichmäßig in alle Körperbereiche, insbesondere in Arme und Beine.

Auch bei dieser Phase beginnen Sie als Rechtshänder mit dem rechten und als Linkshänder mit dem linken Arm. Je mehr Übung Sie bekommen, desto weiter wird sich die Wärme im Körper ausbreiten.

So wird's gemacht

Beginnen Sie die Übung mit der Ruheformel »Ich bin ganz ruhig«, um sich innerlich auf das Autogene Training einzustimmen. Darauf folgt die Schwereformel in der Form, die Sie gerade benutzen (beispielsweise »Arme ganz schwer«). Wiederholen Sie diese wie immer sechs Mal, und schließen Sie ein Mal die Ruheformel an. Das so erreichte Ruhe- und Schweregefühl sollte Ihnen auch für den Rest der Übung erhalten bleiben.

Nun richten Sie Ihre Aufmerksamkeit wieder ganz auf den Arm, mit dem Sie beginnen möchten, und sprechen innerlich die Wärmeformel:

»Mein rechter Arm ist ganz warm.«

Wiederholen Sie die Formel sechs Mal, und spüren Sie dabei mit jeder Wiederholung die Wärme in Ihrem Arm zunehmen. Auch hier lassen Sie alle ablenkenden Gedanken unbeachtet vorüberziehen. Bleiben Sie mit Ihrer Aufmerksamkeit ganz bei der Formel und beim Gefühl der Wärme in Ihrem Arm. Nach der letzten Wiederholung kehren Sie noch

ein Mal zur Ruheformel zurück: »Ich bin ganz ruhig.«
Verinnerlichen Sie Ruhe, Schwere und Wärme, die Sie erfüllen, während Sie die gesamte Abfolge der Formeln noch einige Male wiederholen. Nach zwei bis drei Minuten beenden Sie die Übung mit dem Zurücknehmen: »Arme fest! – Tief atmen! – Augen auf!«

Die Generalisation

Wie bei der Schwereübung dauert es auch bei der Wärmeübung einige Zeit, bis sich das Gefühl von Ihrem Arm auf den übrigen Körper ausdehnt. Machen Sie sich selbst keinen Druck, sondern lassen Sie dieser Generalisation ihren natürlichen Lauf. Es ist völlig normal, wenn sich die Wärme nicht allzu schnell ausbreitet – wichtig ist nur, dass Sie weiter regelmäßig üben und mit Ihrer Aufmerksamkeit bei der Wärme bleiben.
Die Wärme breitet sich üblicherweise auf dem gleichen Weg aus wie zuvor die Schwere, also meist zuerst auf den anderen Arm, dann auf die Beine und schließlich auf den gesamten Körper. Passen Sie die Formel an, sobald sich die Wärme ausdehnt. Mögliche Weiterführungen sind »Beide Arme sind warm«, »Arme und Beine ganz warm« und schließlich, wenn Sie diese Phase völlig beherrschen, die Kurzformel »Wärme«.

Mögliche Schwierigkeiten

Die Wärmeübung fällt den meisten Menschen relativ leicht, weil uns das Gefühl durch ein wohliges Schaumbad oder Sonnenbäder bes-

> ## Unser Rat
>
> Wer die Wärmeübung beherrscht, dem steht ein äußerst hilfreiches Mittel gegen kalte Hände und Füße zur Verfügung. Viele AT-Übende setzen die Übung gerade im Winter ein, wenn sie abends ins kalte Bett kriechen. Je geübter Sie im Autogenen Training sind, desto schneller und intensiver wird sich die Wärme in den Gliedmaßen einstellen.

tens vertraut ist. Wenn Ihnen die Vorstellung schwerfällt, tauchen Sie Ihren Arm vor der AT-Sitzung in warmes Wasser.
Menschen mit dem sogenannten Restless-Legs-Syndrom, die an wärmeähnlichen Missempfindungen in Beinen und manchmal auch Händen leiden, sollten die Wärmeübung meiden. Sie kann dazu beitragen, die Missempfindungen auszulösen, zu verstärken oder sogar zu generalisieren.

Beachten Sie auch bei der Wärmeübung, dass angestrengtes, verkrampftes Üben oft genau das Gegenteil bewirkt – gehen Sie die Übung möglichst gelassen und passiv an.
Wie bei der Schwereübung kann es auch bei der Wärmeübung gelegentlich zu ungewöhnlichen Empfindungen kommen, beispielsweise zu Kribbeln, Zittern und sogar zu Brennen auf der Haut. Diese Wahrnehmungen verschwinden normalerweise mit dem Zurücknehmen und treten, je öfter Sie üben, im Lauf der Zeit immer seltener auf.

Phase 3: Den Herzschlag wahrnehmen

Mit der dritten Phase, der Herzübung, beginnen die Organübungen des Autogenen Trainings. Diese sprechen nur einzelne Körperbereiche an und führen daher nicht mehr zur Ausdehnung auf den gesamten Körper. Mit der Herzübung sollten Sie erst beginnen, wenn Sie mit den vorhergehenden Phasen schon einige Erfahrung gesammelt haben, die damit einhergehende Ruhe, Schwere und Wärme intensiv spüren und sich dabei entspannen können. Das Ziel dieser Übung ist es, den Herzschlag so zu erleben, dass er dadurch beruhigt und auf einem normalen Niveau stabilisiert wird.

So wird's gemacht

Die Herzübung baut wie immer auf den vorangegangenen Phasen des Autogenen Trainings

Den eigenen Herzschlag deutlich zu spüren kann sehr beruhigend sein.

auf. Beginnen Sie die Übung daher wie gewohnt:
- Stimmen Sie sich auf die Ruhetönung ein (»Ich bin ganz ruhig«).
- Wiederholen Sie sechs Mal innerlich die Schwereformel, und spüren Sie ihrer Wirkung nach.
- Fügen Sie ein Mal die Ruheformel ein.
- Wiederholen Sie sechs Mal die Wärmeformel.
- Und fügen Sie wiederum die Ruheformel ein.

Dann richten Sie Ihre Aufmerksamkeit auf Ihre Herzgegend und sagen sich in Gedanken die Herzformel vor:

»Mein Herz schlägt ruhig.«

Auch diese Formel wiederholen Sie sechs Mal und fühlen sich dabei in Ihren eigenen Herzschlag ein. Danach kehren Sie noch ein Mal zur Ruheformel zurück. Den gesamten Ablauf der Formeln wiederholen Sie dann weitere zwei bis drei Minuten lang, bevor Sie die Übung mit dem Zurücknehmen beenden.

Die richtige Formel

Bei der Herzübung ist es besonders wichtig, dass die Worte nicht unbedacht verändert werden.
J. H. Schultz hat als Formel dafür »Das Herz schlägt ganz ruhig« oder »Das Herz schlägt ruhig und kräftig« vorgegeben. Wir möchten Ihnen raten, sich auf die Formel »Mein Herz

schlägt ruhig« zu beschränken, da bei ihr die Möglichkeit unerwünschter Nebeneffekte am geringsten ist.

Die Wortwahl ist deshalb so wichtig, weil das Herz sehr leicht auf unsere Vorstellungen und Empfindungen reagiert. Das deutlichste Beispiel dafür ist die Herzphobie, bei der ohne körperliche Grunderkrankung durch Furcht, Einsamkeit und depressive Verstimmung Empfindungen wie bei tatsächlichen Herzbeschwerden ausgelöst werden können.

Daher sollten Sie die Herzübung auch niemals dazu verwenden, im Alltag direkten Einfluss auf den Zustand Ihres Herzens nehmen zu wollen – beispielsweise, um den Puls nach einer Anstrengung schneller zu beruhigen. Lassen Sie Ihr Herz stets in seinem eigenen Rhythmus schlagen!

Sinn der Übung ist es, diesen Rhythmus zu erspüren, was eine allgemeine Beruhigung und Entspannung im Zusammenhang mit dem gesamten Körper hervorruft. Eine absichtliche Verlangsamung des Herzschlags wäre dagegen eine unnatürliche Belastung für dieses sensible Organ.

Mögliche Schwierigkeiten

Die größte Schwierigkeit mit der Herzübung besteht für viele darin, ihren Herzschlag überhaupt wahrzunehmen. Schon J. H. Schultz empfahl als Hilfestellung, die rechte Hand während der Übung auf der Herzgegend ruhen zu lassen, um so ein besseres Gefühl für den Herzschlag zu bekommen. Um bequemer zu liegen, können Sie dabei den rechten Ellbogen mit einem Kissen abstützen. Vielleicht ist es für Sie aber auch einfacher, das Pulsieren des Herzens nicht in der Herzgegend, sondern im Körper als Ganzes oder in anderen Körperteilen wie beispielsweise den Fingerspitzen zu erspüren. In den Fingerspitzen spüren Sie Ihren Puls besonders gut und deutlich, wenn Sie Daumen und Zeigefinger aneinanderlegen. Wichtig ist, dass Sie sich dabei nicht auf die Wahrnehmungen Ihrer rechten Hand oder der aneinandergelegten Finger konzentrieren, sondern sich nur von ihrem Gewicht hin zum Erlebnis des Herzschlags leiten lassen.

Unser Rat

Falls Sie unter Herzbeschwerden oder einer Herzphobie leiden, sollten Sie darauf verzichten, die Herzübung im Alleingang zu lernen – bitte wenden Sie sich stattdessen an einen qualifizierten Lehrer, am besten in einem Kurs unter ärztlicher Aufsicht. Falls Sie momentan keinen geeigneten Kurs finden, können Sie die Herzübung auch überspringen und zunächst mit der Atemübung weitermachen. Dies gilt auch für all jene, die ihr Herz im Alltag zwar gelegentlich wahrnehmen, jedoch auf eher unangenehme Weise, zum Beispiel durch Herzjagen, Herzstolpern oder Beklemmungen. Im Zweifelsfall ist es durchaus vernünftig, die Herzübung ganz auszulassen, da sich auch mit den übrigen Phasen der Grundstufe bzw. deren Kurzformen eine tiefe Form der Entspannung erreichen lässt.

Phase 4: Den Atem erfahren

Die Atmung ist ein wesentliches Element der Entspannung: Wenn wir angespannt oder nervös sind, wird sie unwillkürlich flach und hastig, und vor Aufregung oder Schreck kann uns schon mal der Atem stocken. Im Autogenen Training spielt die Atmung daher eine wichtige Rolle, und nicht wenige Lehrer stellen sie gleich nach der Schwere- und Wärmeübung an den Beginn der Organübungen. Auch die Kurzform des Autogenen Trainings (S. 27) ist noch wirkungsvoller, wenn sie um die Atemübung ergänzt wird.

Der Begriff »Übung« kann jedoch zu falschen Vorstellungen führen – hier geht es nämlich gerade nicht darum, aktiv auf die Atmung Einfluss zu nehmen. Stattdessen ist das Ziel dieser Phase, die Atmung einfach geschehen zu lassen und zu erfahren, wie der Atem auf natürliche Weise durch den Körper strömt. So wird der Atemfluss gestärkt, der sich wiederum auf weitere körperliche und seelische Vorgänge beruhigend auswirkt.

So wird's gemacht

Den Atem zu erfahren schließt an die vorangegangenen Phasen des Autogenen Trainings nahtlos an: Sie beginnen wieder mit der Ruheformel zur Einstimmung, dann folgen
- sechs Mal die Schwereformel,
- ein Mal die Ruheformel,
- sechs Mal die Wärmeformel,
- ein Mal die Ruheformel,
- sechs Mal die Herzformel
- und noch ein Mal die Ruheformel.

Nun richten Sie Ihre Aufmerksamkeit auf Ihren Atem. Durch den bisherigen Verlauf der

Lassen Sie Ihrem Atem freien Lauf, ohne aktiv einzugreifen.

Übung wird er in der Regel schon recht ruhig fließen. Sprechen Sie dann innerlich die Atemformel:

»Es atmet mich.«

Wiederholen Sie die Formel sechs Mal. Wichtig ist, dass Sie dabei keinesfalls bewusst Einfluss auf Ihren Atem nehmen, sondern einfach nur gelassen sein Fließen beobachten. Zuletzt sprechen Sie sich noch ein Mal innerlich die Ruheformel vor. Diesen gesamten Ablauf wiederholen Sie nun weitere zwei bis drei Minuten lang, bevor Sie die Übung mit dem Zurücknehmen beenden.

Mögliche Schwierigkeiten

In dieser Phase des Autogenen Trainings treten vor allem dann Schwierigkeiten auf, wenn der Übende nicht recht loslassen kann und versucht, seine Atmung willentlich zu beruhigen oder zu vertiefen (siehe auch Kasten rechts). Das passiert besonders oft denjenigen, die sich schon vor dem AT mit Atemübungen gleich welcher Art beschäftigt haben – sie müssen es erst wieder lernen, ihre Aufmerksamkeit dem Atem zuzuwenden, ohne ihn dabei zu beeinflussen. Wir haben deshalb die Formel »Es atmet mich« gewählt, weil Sie selbst dabei völlig passiv bleiben.

Manche Übende haben jedoch genau mit dieser Formel das Problem, dass sie ihnen – zumindest am Anfang – zu unpersönlich ist oder sie sogar ablenkt, da sie unwillkürlich darüber nachdenken, was dieses »Es« wohl sein mag. Greifen Sie dann auf die auch von

Passiv statt aktiv

Diese Phase unterstützt Sie darin, Aktivität durch Passivität zu ersetzen: Anstatt Ihre Atmung zu beeinflussen, geben Sie sich ganz der Erfahrung hin, den Atem einfach fließen zu lassen. Dadurch stärken Sie die Fähigkeit Ihres Körpers, diesen wichtigen Vorgang selbst zu regulieren. Dieses Prinzip durchzieht weniger deutlich auch die übrigen Phasen der Grundstufe. Zwar bewirken Sie durch die Formeln und Vorstellungen durchaus, dass beispielsweise die Empfindungen von Schwere oder Wärme in Ihren Gliedmaßen entstehen. Dennoch tun Sie, wenn Sie korrekt üben, nichts, um die dazugehörigen körperlichen Veränderungen zu erzwingen, sondern Sie regen nur ihre Entstehung an, um sie dann einfach wahrzunehmen.

Dieses passive Sich-Einlassen, Beobachten und Annehmen ist Grundvoraussetzung dafür, dass das Autogene Training so entspannend wirken und das vegetative Nervensystem beruhigen kann. Falls sich trotz ausdauernden Übens keine rechte Wirkung bei Ihnen einstellen sollte, setzen Sie möglicherweise zu viel Anstrengung und Willenskraft ein. Wir raten in diesem Fall, gelassener an die Übungen heranzugehen und das Prinzip »Passiv statt aktiv« bewusst zu beherzigen.

J. H. Schultz verwendeten Formeln »Meine Atmung ist ganz ruhig« oder kürzer »Atmung ganz ruhig« zurück.

Phase 5: Das Sonnengeflecht spüren

Das Sonnengeflecht ist ein Nervengeflecht, das zum vegetativen Nervensystem gehört und unterhalb des Zwerchfells im Bauchraum liegt. Es steuert unter anderem die Funktionen der Bauchorgane, insbesondere die der Verdauungsorgane. Dieser Bereich reagiert auf Anspannung, Sorgen oder Nervosität besonders empfindlich – nicht umsonst heißt es, dass uns etwas auf den Magen schlägt oder Bauchgrimmen verursacht.

In der fünften Phase der Grundstufe, die auch Leibübung genannt wird, wenden Sie sich dem Sonnengeflecht zu. Ziel ist, den Bauchraum zu entspannen und die Funktion der Bauchorgane zu harmonisieren. Dafür stellen Sie sich strömende Wärme im Bereich des Oberbauchs vor. Diese Vorstellung sorgt dafür, dass sich die Blutgefäße erweitern und die Durchblutung in dieser Region gesteigert wird. Im Laufe der Zeit regulieren sich auch die Magensaftproduktion und die für die Verdauung wichtigen Bewegungen von Magen und Darm.

So wird's gemacht

Als Auftakt zur Leibübung beginnen Sie wie immer mit den bereits erlernten Phasen des Autogenen Trainings:
- Sprechen Sie sich zur Einstimmung innerlich ein Mal die Ruheformel vor,
- dann sechs Mal die Schwereformel,
- wieder ein Mal die Ruheformel,
- sechs Mal die Wärmeformel,
- ein Mal die Ruheformel,
- sechs Mal die Herzformel,
- ein Mal die Ruheformel,
- sechs Mal die Atemformel
- und nochmals die Ruheformel.

Das Sonnengeflecht, auch Solarplexus, spielt in östlichen Lehren wie Yoga oder Zen eine zentrale Rolle als »Energiezentrum der Leibesmitte«.

Dann lenken Sie Ihre Aufmerksamkeit auf das Sonnengeflecht, den Bereich hinter der Magengrube, und sagen sich in Gedanken die Formel vor:

»Sonnengeflecht strömend warm«

Wiederholen Sie diese Formel langsam sechs Mal, und ruhen Sie dabei mit Ihrer Aufmerksamkeit in der Empfindung von Wärme im Bereich des Sonnengeflechts. Schließen Sie ein Mal die Ruheformel an. Danach wiederholen Sie den gesamten Ablauf etwa zwei bis drei Minuten lang. Zuletzt beenden Sie die Übung mit dem Zurücknehmen.

Mögliche Schwierigkeiten

Da das Sonnengeflecht normalerweise kaum zu erspüren ist, behelfen sich einige AT-Übende mit einer bewährten Alternativvorstellung: Sie richten ihre Aufmerksamkeit einfach auf ihren Oberbauch. Hier liegt der Magen, der stellvertretend für das Sonnengeflecht angesprochen werden kann – Sie können anstelle der obigen Formel auch die Varianten »Leib strömend warm« oder »Magen strömend warm« verwenden. Ein Gefühl für seinen Magen hat praktisch jeder, da dieser sich doch immer wieder durch hungrige Leere oder Sättigungs- bzw. Völlegefühle bemerkbar macht.

Als kleine Hilfe für Ihre Vorstellungskraft können Sie außerdem Ihre linke Hand auf die Magengrube legen. Durch das Gewicht nehmen Sie den Bereich intensiver wahr, und die Wärme der Hand hilft zusätzlich beim Umset-

Finden Sie Ihre Mitte

Das Sonnengeflecht ist den meisten Menschen unbekannt, da es sich nicht direkt bemerkbar macht. Um seine Lage zu finden, orientieren Sie sich am besten an Ihrem Magen – das Sonnengeflecht liegt etwas dahinter nahe der Wirbelsäule. Damit ist es in mehrerer Hinsicht die Mitte unseres Körpers: physiologisch durch seine zentrale Lage, funktional durch seine vielfältigen Wirkungen, insbesondere den Einfluss auf die lebenswichtige Verdauung. Nicht zuletzt steht das Sonnengeflecht in engem Zusammenhang mit unseren Emotionen, die besonders dann, wenn sie unterdrückt werden, oft über das vegetative Nervensystem ihren Ausdruck in Verdauungsstörungen finden.

zen der Formel. Falls sich auch dadurch kein Wärmegefühl einstellen will, können Sie mit einer Wärmflasche nachhelfen, die Sie auf den Oberbauch legen. Nach einigen Übungseinheiten sollte dann die Erinnerung an die Wärmflasche ausreichen, um ein Wärmegefühl zu erzeugen.

Bei der Leibübung treten häufiger Bauchgeräusche wie Kollern oder Glucksen auf. Das ist ganz normal und ein Zeichen für zunehmende Entspannung. Gelegentlich kann es auch zu einem Druckgefühl oder leichten Krämpfen kommen, die jedoch spätestens mit dem Zurücknehmen wieder vergehen und normalerweise kein Grund zur Beunruhigung sind.

Phase 6: Die Nackenspannung loslassen

Die Beschäftigung mit dem Nacken ist eine Übungsphase, die in der ursprünglichen Version des Autogenen Trainings von J. H. Schultz nicht in der Grundstufe vorgesehen war. Stattdessen hat Schultz die Nacken- und Schulterentspannung als Teilübung vorgeschlagen. Andere Lehrer, unter ihnen Bernt Hoffmann in seinem »Handbuch Autogenes Training«, fügen die Entspannung von Nacken und Schultern jedoch mit gutem Grund in den normalen Übungsablauf ein. Gerade diese Bereiche sind bei vielen Menschen sehr stark – und schmerzhaft – verspannt. Indem sie in die Grundstufe mit aufgenommen werden, dehnt sich die beim AT entstehende Entspannung noch leichter auf den gesamten Körper aus. Ziel der Nackenübung ist es, sich die Schwere und Wärme aus den ersten beiden Phasen nochmals konkret im Nacken zu vergegenwärtigen. Dadurch können sich die dort sitzenden Spannungen besser lösen, und der gesamte Nacken- und Schulterbereich wird deutlich gelockert.

So wird's gemacht
Beginnen Sie die Übung wie gewohnt:
- Zuerst sagen Sie in Gedanken ein Mal zur Einstimmung die Ruheformel,

Verspannungen im Nacken- und Schulterbereich sind die häufigste Ursache für chronische Kopfschmerzen. AT kann dem vorbeugen.

- dann sechs Mal die Schwereformel,
- ein Mal die Ruheformel,
- sechs Mal die Wärmeformel,
- ein Mal die Ruheformel,
- sechs Mal die Herzformel,
- ein Mal die Ruheformel,
- sechs Mal die Atemformel,
- ein Mal die Ruheformel,
- sechs Mal die Sonnengeflechts-Formel
- und schließlich nochmals die Ruheformel.

Im Anschluss daran richten Sie Ihre Aufmerksamkeit auf Ihren Nacken und sprechen langsam sechs Mal die Nackenformel:

»Mein Nacken ist ganz weich und warm.«

Spüren Sie dabei, wie das schon bekannte Schwere- und Wärmegefühl Ihren Nacken erfüllt. Dann fügen Sie ein Mal die Ruheformel hinzu. Wiederholen Sie den gesamten Ablauf noch zwei bis drei Minuten lang, und beenden Sie die Übung mit dem Zurücknehmen.

Mögliche Schwierigkeiten

Bei Verspannungen im Bereich von Nacken und Schultern fällt es vielen Übenden schwer, sich in der Droschkenkutscherhaltung wirklich zu entspannen – denn wenn sie den Kopf nach vorne sinken lassen, reagieren die verspannten Nackenmuskeln mit zusätzlichen Schmerzen, sodass es erst recht zur Verkrampfung kommt. Daher ist es in diesem Fall besser, in Rückenlage oder wenigstens mit angelehntem Kopf in der Lehnstuhlhaltung zu üben, bis sich die Verspannungen gebessert haben.

Auch in der Rückenlage ist es wichtig, den Kopf bequem zu betten: Legen Sie ein weiches Kissen unter, noch besser eine Nackenrolle. Weiche Nackenrollen stützen den Nacken und erleichtern so die Entspannung, härtere dagegen können Ihnen helfen, Ihre Nackenmuskulatur zu erspüren und sich besser in Ihren Körper einzufühlen.

Der Übergang zu den Kurzformeln

Inzwischen sollten Sie die ersten Phasen der Grundstufe so gut beherrschen, dass Sie dabei nur noch die Kurzformeln verwenden, also »Ruhe« – »Schwere« – »Wärme«. Eventuell können Sie sogar schon die Anzahl der Wiederholungen reduzieren. Achten Sie bei allen Veränderungen des Ablaufs darauf, ob Sie auch weiterhin die schon erreichte Entspannungstiefe erleben, und bleiben Sie im Zweifelsfall lieber länger bei der ausführlicheren Form.
Bei den Organübungen bleiben Sie besser etwas länger bei den konkreten Formeln (»Herz schlägt ruhig« – »Es atmet mich« – »Sonnengeflecht strömend warm« – »Nacken ganz warm und weich«), damit sich die gewünschte Wirkung zuverlässig einstellt. Wenn Sie die gesamte Grundstufe gut beherrschen, werden nach einer Weile auch die Kurzformeln »Herz« – »Atmung« – »Sonnengeflecht« – »Nacken« – »Stirn« genügen, um die gewohnte Wirkung zu erzielen.

Phase 7: Die Stirn kühlen

Die siebte Phase bildet den Abschluss der Grundstufe. Sobald Sie die Stirnübung beherrschen, steht Ihnen eine vollständige Übungsfolge zur Verfügung, die Ihnen physisch wie psychisch tiefe Entspannung schenkt. Wahrscheinlich haben Sie inzwischen auch schon die autogene Umschaltung erlebt, in der sich Ihr Organismus auf völlige Entspannung einstellt und Sie in einem leichten hypnotischen Zustand ruhen.

Die Stirnübung unterscheidet sich insofern von den vorangegangenen Phasen, da Sie sich anstelle der gewohnten Wärme ein Gefühl angenehmer Kühle vorstellen. Das hat vor allem psychologische Gründe: Ein kühler Kopf wird seit je mit einem klaren Denkvermögen assoziiert, und auch aus gesundheitlicher Sicht wird er traditionell geschätzt (»Kopf kalt und Füße warm, macht den besten Doktor arm.«). Dabei wird die Stirn durch die Vorstellung nicht messbar kühler, sondern sogar wärmer, weil sich die Blutgefäße erweitern. Dadurch kann die Stirnübung Kopfschmerzen vorbeugen oder auch lindern.

So wird's gemacht

Bei der nun vollständigen Übungsfolge beginnen Sie wie gewohnt mit den bereits erlernten Übungsphasen:
- Zunächst stimmen Sie sich mit der Ruheformel auf die Übung ein,
- dann wiederholen Sie sechs Mal die Schwereformel,

Die Vorstellung einer kühlen oder glatten Stirn ermöglicht Entspannung bei gleichzeitiger geistiger Wachheit.

- ein Mal die Ruheformel,
- sechs Mal die Wärmeformel,
- ein Mal die Ruheformel,
- sechs Mal die Herzformel,
- ein Mal die Ruheformel,
- sechs Mal die Atemformel,
- ein Mal die Ruheformel,
- sechs Mal die Sonnengeflechts-Formel,
- ein Mal die Ruheformel,
- sechs Mal die Nackenformel
- und noch ein Mal die Ruheformel.

Im Anschluss daran lenken Sie Ihre Aufmerksamkeit auf Ihre Stirn. Dann sprechen Sie sich innerlich die Stirnformel vor:

»Meine Stirn ist angenehm kühl.«

Wiederholen Sie diese Formel langsam sechs Mal, und fügen Sie danach ein Mal die Ruheformel hinzu. Den vollständigen Ablauf wiederholen Sie nun weitere zwei bis drei Minuten lang. Zuletzt beenden Sie die Übung mit dem Zurücknehmen.

Mögliche Schwierigkeiten

Auch bei der Stirnübung ist es wichtig, dass Sie den Wortlaut der Formel nicht unbedacht verändern: Schon J. H. Schultz hat insbesondere davor gewarnt, anstelle von »kühl« die Vorstellung »kalt« zu verwenden, weil dadurch Kopfschmerzen entstehen können oder sogar ein Migräneanfall ausgelöst wird. Bewährte Alternativen zur ursprünglichen Formel sind »Meine Stirn ist ganz glatt« (sie bezieht sich auf die Entspannung der Stirn-

Entspannen Sie Ihr Gesicht

Unser Gesicht verleiht Nervosität, innerer Anspannung und Ängsten oft besonders deutlich Ausdruck. Wenn diese Zustände länger anhalten, hinterlassen sie bleibende Spuren in Form von Sorgenfalten, herabhängenden Mundwinkeln oder verhärteten Gesichtszügen. Indem Sie die Muskelspannungen in diesem Bereich während der Stirnübung bewusst loslassen, sorgen Sie nicht nur für einen gelösteren Gesichtsausdruck, sondern tragen auch dazu bei, die zugrunde liegenden inneren Spannungen abzubauen. Lassen Sie es daher zu, dass während des Autogenen Trainings die Entspannung auch auf das Gesicht übergreift: Die Lippen dürfen sich leicht öffnen, der Kiefer kann locker werden, die Zunge liegt leicht im Mund, und Stirn, Wangen und Lippen glätten sich mehr und mehr.

muskulatur) oder »Mein Kopf ist gelöst und klar«.

Falls Ihnen die Vorstellung angenehmer Kühle auf der Stirn schwerfällt, können Sie sich ein Erinnerungsbild schaffen: Am einfachsten ist es, wenn Sie mit den Fingern einige Tropfen Wasser auf der Stirn verstreichen und Ihre Aufmerksamkeit auf die entstehende Verdunstungskühle richten. Manchmal genügt es auch schon, in der Nähe des Fensters zu üben, wo meist eine leichte Luftzirkulation herrscht, die als kühlender Lufthauch wahrgenommen werden kann.

Die Oberstufe des Autogenen Trainings

Viele Anwender des Autogenen Trainings beschränken sich beim Üben ausschließlich auf die Grundstufe – und einige kennen die Oberstufe auch gar nicht, da sie in Büchern und Kursen oft unerwähnt bleibt. Die Grundstufe ist für sich allein eine vollständige, hochwertige Entspannungstechnik und kann Ihnen auch ohne die Oberstufe tiefe Entspannung und mehr Lebensqualität schenken.

Dennoch möchten wir Ihnen in diesem Buch die Oberstufe nicht vorenthalten, da sie ebenfalls einen wichtigen Teil des Autogenen Trainings bildet und wertvolle Einsichten in die eigene Innenwelt ermöglicht.

Für die Oberstufe gilt noch mehr als für die Grundstufe, dass sie sich nicht für jeden Anwender zum Selbststudium eignet. Daher ist dieses Kapitel vor allem als Überblick und Einführung gedacht. Es soll Ihnen die Inhalte der Oberstufe vorstellen und erste Erfahrungen ermöglichen. Dann können Sie selbst entscheiden, ob Sie die Oberstufe vertiefen oder bei der Grundstufe bleiben möchten. Wenn Sie die Oberstufe des Autogenen Trainings noch intensiver erlernen wollen als mit den hier vorgestellten ersten Schritten, empfehlen wir Ihnen, zusätzlich einen Kurs bei einem ausgebildeten Lehrer zu besuchen.

Was ist die Oberstufe?

In der Oberstufe des Autogenen Trainings geht es nicht mehr allein um Entspannung und die Steigerung des Wohlbefindens, sondern um Tieferliegendes: Ziel ist, Erfahrungen mit dem eigenen Unterbewusstsein zu sammeln – so sind Erkenntnisse über Sie selbst möglich, die Ihnen im Alltag meist verschlossen bleiben. Nicht selten ist das der Grundstein für die Weiterentwicklung der eigenen Persönlichkeit.

Die Oberstufe nutzt dafür den tiefen Entspannungszustand, der durch die Grundstufe erreicht wird: In diesem leicht hypnotischen Bewusstseinszustand sind die Grenzen zwischen Bewusstsein und Unterbewusstsein durchlässiger als sonst.

Die Oberstufe hat gewisse Ähnlichkeiten mit der Meditation, wie sie in östlichen Kulturen geübt wird – und das Autogene Training steht in seiner heilsamen Wirkung auf Körper, Seele und Geist den wissenschaftlich erwiesenen Wirkungen der Meditation in nichts nach.

Die Oberstufe wird darüber hinaus öfter von Psychotherapeuten eingesetzt, um eine Therapie zu unterstützen oder ihre Wirkung zu beschleunigen.

Ihre innere Wirklichkeit erleben

Den meisten Menschen ist bei weitem nicht alles bewusst, was sich in ihrem Inneren abspielt. Das ist meist auch ganz gut so, denn in vielen Situationen würde es uns überfordern oder schnelle Reaktionen unmöglich machen, wenn wir all unsere inneren Regungen wahrnehmen würden. Trotzdem ist es wichtig, den

Kontakt zu unserem inneren Wesen hin und wieder bewusst herzustellen, denn gerade dieser Kern ist es ja, der uns ein authentisches, selbstbestimmtes und zufriedenes Leben ermöglicht.

Unbewusste oder halbbewusste Gefühle und Bedürfnisse beeinflussen uns und unser Handeln, oft ohne dass wir die Gründe dafür kennen oder die Ursachen erklären können. Je besser der Kontakt zur inneren Wirklichkeit ist, desto leichter fällt es uns, Auslöser und Reaktion zusammenzubringen und auch bewusst zu steuern.

Gerade in stressigen Zeiten passiert es aber nur allzu schnell, dass wir uns in Aufgaben, Sorgen und Nöten verlieren und den Kontakt zu unserem Inneren darüber weitgehend vernachlässigen. Die Innenschau der Oberstufe ermöglicht es Ihnen, dem bewusst entgegenzusteuern und Ihre innere Wirklichkeit immer besser kennenzulernen. So können Sie auch all die Wesenszüge besser erkennen, die Sie zu der individuellen, einzigartigen Persönlichkeit machen, die Sie sind.

In der Oberstufe des AT lernen Sie, mit Ihrem Unterbewussten zu kommunizieren.

Kommunikation mit dem Unbewussten

Die Oberstufe gibt Ihnen die Möglichkeit, mit dem Unbewussten in Kontakt zu treten und sowohl »Botschaften« von dort zu empfangen als auch einen gewissen Einfluss auf sonst unbewusste Vorgänge zu nehmen. Normalerweise ist der Kontakt zwischen Alltagsbewusstsein und Unterbewusstsein sehr beschränkt: Das Unbewusste drückt sich beispielsweise in Träumen aus, die in aller Regel nur bruchstückhaft erinnert werden und meist schwer zu deuten sind. Obwohl unser Unterbewusstes durch Suggestionen und Autosuggestionen täglich hunderte Male beeinflusst wird (beispielsweise durch Werbebotschaften oder durch unsere eigenen Gedanken, was wir können, wie wir wirken oder wer wir sind), sind diese Suggestionen selten gerichtet oder werden von uns bewusst eingesetzt.

In der Oberstufe wird die Kommunikation mit dem Unbewussten dagegen gezielt gefördert, um selbstbestimmtes und gleichzeitig intuitives Handeln zu ermöglichen.

Nehmen Sie sich viel Zeit für die Übungen der Oberstufe. Hier geht es nicht darum, schnell zu entspannen, sondern um eine tief greifende Persönlichkeitsentwicklung.

Voraussetzungen

Die wichtigste Voraussetzung für die Erfahrungen der Oberstufe ist, dass Sie die Grundstufe vollständig beherrschen – und zwar so gut, dass Sie in kürzester Zeit die autogene Umschaltung erreichen und in dem tief entspannten Bewusstseinszustand längere Zeit verweilen können. J. H. Schultz hat sogar empfohlen, die Grundstufe mindestens ein halbes bis ganzes Jahr lang regelmäßig durchzuführen, bevor man sich der Oberstufe zuwendet.

Für die Oberstufe dürfen Sie deutlich mehr Zeit einplanen als für die Übungen der Grundstufe: Sie sollten nicht weniger als 20 Minuten im Zustand der Versenkung verweilen. Außerdem empfehlen wir, sich danach noch etwas Zeit zum Nachruhen zu geben, um nicht aus tiefer Innenschau sofort wieder in die alltägliche Hektik umzuschalten. Insgesamt kann eine Oberstufen-Sitzung bis zu einer Stunde dauern. Sorgen Sie dafür, dass Sie während dieser Zeit absolut ungestört sind, damit Sie sich wirklich auf Ihre inneren Erlebnisse einlassen können.

Falls Sie einen Kurs besuchen, um einen Ansprechpartner zu haben, ist es besonders wichtig, dass die Teilnehmerzahl zehn Personen nicht übersteigt. Achten Sie außerdem darauf, dass der Kursleiter über genügend Erfahrung und eine qualifizierte Ausbildung (am besten als Psychotherapeut oder Arzt) verfügt.

Die »Augen-Umschaltung«

Auch wenn Sie die autogene Umschaltung bereits beherrschen, ist der Zustand der Selbsthypnose nicht immer gleich tief. Die Übungen der Oberstufe wirken aber umso besser, je tiefer Ihr Versenkungszustand ist. Daher raten viele erfahrene Lehrer zu einer besonderen Technik, mit der Sie diesen hypnotischen Zustand gezielt erreichen: der Augen-Umschaltung. Sie beruht darauf, dass sowohl bei Menschen wie auch bei Hunden oder Katzen eine besondere Augenstellung zur Muskelentspannung und zu einem leicht hypnotischen Bewusstseinzustand führt: die Oben-innen-Stellung. Dabei werden die Augen so nach oben und zueinander gerichtet, als würden Sie einen Punkt oberhalb Ihrer Nasenwurzel fixieren wollen. Hypnoseure nutzen diesen Effekt: Sie halten einen glänzenden Gegenstand etwas oberhalb der Augen desjenigen, den sie hypnotisieren wollen – genau dieser Blick entspricht der Oben-innen-Stellung.
Die Augen-Umschaltung können Sie im Anschluss an die Grundstufe durchführen, um sich auf die Oberstufe einzustimmen. Achten Sie aber bitte darauf, dass die Übung nur eine kurze Hilfestellung sein soll: Lassen Sie Ihre Augen nicht allzu lange so verweilen – Kopfschmerzen sind sonst nicht auszuschließen.

Die Übungen der Oberstufe

In der Grundstufe haben Sie mit Hilfe der Formeln Einfluss auf Ihr Unbewusstes genommen. In der Oberstufe geht es nun darum, dass Sie sich ganz für die Bilder öffnen, die in Ihrem Inneren auftauchen. Die speziellen Übungen unterstützen Sie darin, diese Wahrnehmung innerer Bilder zu schulen, aber sie machen Ihnen weder Vorgaben, noch geben sie Deutungshilfen, denn die Interpretation des Erlebten liegt allein in Ihrer Hand.
J. H. Schultz hat für die Übungen der Oberstufe mehrere aufeinanderfolgende Schritte entworfen:
● Vor dem inneren Auge Farben erscheinen lassen und die Eigenfarbe finden.
● Verschiedene Objekte visualisieren.
● Abstraktes innerlich erscheinen lassen, beispielsweise Werte oder Gefühle, die

Bitte beachten Sie

Für die Oberstufe des Autogenen Trainings gelten die auf Seite 27 genannten psychischen Kontraindikationen ganz besonders – wer in psychiatrischer Behandlung war oder ist, sollte die folgenden Techniken nicht ohne Absprache mit dem behandelnden Arzt anwenden.

sich vor dem inneren Auge in (möglicherweise selbst erlebten) Szenen darstellen.

- Einen anderen Menschen visualisieren (keine nahestehende, sondern eine neutrale Person).
- Die Beschäftigung (meist in Form von Fragen) mit der eigenen momentanen Lebenssituation.

Während die ersten Übungen vor allem dazu dienen, sich mit dem Visualisieren, also dem Entstehenlassen von Bildern vor dem inneren Auge, vertraut zu machen, kann die Beschäftigung mit persönlichen Fragestellungen zu größerer Selbsterkenntnis führen, wenn aus der Innenwelt Bilder und Assoziationen als mögliche Antworten auftauchen.

Einige Lehrer führen die Oberstufenübungen in meditativen Phantasiereisen fort: zum Meeresgrund, auf einen Berggipfel, oder der Übende sieht sich selbst in einem Spiegel. Zwar können diese Übungen die Innenschau schulen, aber sie entsprechen nicht mehr ganz dem Grundsatz des Autogenen Trainings, dass alle Bilder ohne äußere Vorgaben allein aus dem Inneren entstehen. Da diese Phantasiereisen aber entspannende Wirkung entfalten, haben wir auf der CD eine solche Reise hinzugefügt, damit Sie ihre Wirkung erproben und sich selbst ein Urteil bilden können.

Die Eigenfarbe

Bevor Sie sich auf eine Phantasiereise begeben, möchten wir Ihnen empfehlen, sich mit der Visualisierung von Farben vertraut zu machen. Diese Übung wurde schon von Schultz als »Vorversuch« bezeichnet, der erste Erfah-

rungen mit der inneren Bilderwelt ermöglicht. Das Vorgehen dabei ist ganz einfach: Zunächst führen Sie mit den Übungen der Grundstufe die autogene Umschaltung herbei. In der dann entstandenen Konzentration öffnen Sie sich für die Wahrnehmung von Farberlebnissen. Bleiben Sie offen, welche Farbe vor Ihrem inneren Augen erscheint, und verzichten Sie auf jede Einflussnahme. Möglicherweise dauert es auch einige Sitzungen, bis Sie wirklich eine einzelne, klare Farbe vor sich sehen.

Zu Anfang werden Sie in verschiedenen Sitzungen immer wieder wechselnde Farben sehen. Im Laufe der Zeit kristallisiert sich jedoch in der Regel eine immer wiederkehrende Farbe heraus, die sogenannte Eigenfarbe.

Gesteuertes Bilderleben

Ihr Bilderleben ist insofern gesteuert, als dass Sie selbst die Auswahl treffen, was Sie vor Ihrem inneren Auge sehen wollen, und entscheiden, wie sich dabei entstehende Szenen entwickeln. So sollten Sie, sobald Sie mit den Farbwahrnehmungen gut vertraut sind, selbst die Objekte auswählen, die Sie visualisieren wollen (z. B. eine geometrische Form, Blüte, Frucht oder Kerze), später dann auch abstrakte Begriffe und Gefühle.

Wenn es Ihnen die Sache erleichtert, schauen Sie sich die Frucht oder Kerze, die Sie später visualisieren möchten, zunächst real oder als Foto an, bevor Sie mit der Übung beginnen und sie vor Ihrem inneren Auge wieder aufleben lassen. Lassen Sie die Details des Bildes oder der Situation dabei ganz von selbst entstehen, ohne Einfluss zu nehmen – Sie sind beim Bilderleben nur Beobachter dessen, was aus Ihrer Innenwelt auftaucht, und verzichten auf jede bewusste Veränderung.

Bilder und Träume deuten

Schon bei der Visualisierung von Farben ist es naheliegend, sich Gedanken über eine mögliche Deutung zu machen.
Lassen Sie vorgefasste Meinungen oder gar vorgegebene Deutungen dabei außer Acht – entscheidend ist, was die jeweilige Farbe in Ihnen selbst auslöst. Vorgefasste Deutungen werden im Autogenen Training nicht verwendet, da jede Farbe – wie auch jedes Bild – für jeden Übenden eine eigene, ganz individuelle Aussage besitzt.
Noch wichtiger ist dies bei der Deutung von Bildern und Szenen, die sich vor Ihrem inneren Auge entwickeln. Daher ist es auch bei den erwähnten Reisen auf den Meeresgrund oder einen Berggipfel stets so, dass der Übende die Bilder von seinem Unterbewussten ausgestalten lässt – bei dem einen kann die Unterwasserreise lichterfüllt und voll funkelnder Fische sein, beim nächsten durch einen abenteuerlichen Algenwald führen oder in ein verzaubertes Reich mit Meerjungfrauen und sprechenden Fischen. Lassen Sie die Bilder so auf sich wirken, wie sie Ihnen ins Bewusstsein kommen.

Traumdeutung ist keine esoterische Kunst, sondern eine individuelle Fähigkeit, die die Einsicht in die eigene Persönlichkeit vertiefen hilft.

Traumdeutungslexika führen in die Irre. Jedes Traumbild hat seine ganz individuelle Bedeutung für jeden Einzelnen.

Manchmal ist es hilfreich, nach einer solchen Oberstufen-Übung aufzuschreiben, was Sie gesehen haben, damit die Details nicht verloren gehen. Dann können Sie sich an Ihre persönliche Deutung machen. Die wichtigste Regel dabei ist, dass stets das zählt, was die Elemente Ihrer Bilder *für Sie* bedeuten – nicht, was andere darüber denken.

So kann ein sonst als bedrohlich empfundenes Tier wie ein Wolf in Ihrer Bilderwelt eine schützende Rolle einnehmen, Stärke oder Zielstrebigkeit symbolisieren oder sogar an etwas erinnern, das Sie bei einem Besuch in einem Naturpark erlebt haben – und deshalb in *Ihrem* Bild völlig harmlos oder sogar hilfreich sein.

Um es noch einmal in aller Deutlichkeit zu sagen: Die einzige Instanz, die Sie bei der Deutung Ihrer Bilderlebnisse zuverlässig beraten kann, sind Sie selbst! Daher werden Sie hier auch keine Deutungshilfen finden, denn alle Interpretationen hängen untrennbar mit Ihrer Persönlichkeit und Ihren Erfahrungen zusammen.

Wenn Ihnen im ersten Moment keine Deutung einfällt, ist es besser, nichts zu erzwingen und die Bilder einfach ziehen zu lassen. Vielleicht erkennen Sie die Bedeutung zu einem späteren Zeitpunkt, oder es ist überhaupt keine bewusste Entschlüsselung nötig, damit die Bilder eine positive Wirkung entfalten.

Falls Sie einmal Hilfe bei der Interpretation benötigen, beispielsweise, weil Sie etwas unerklärlich beunruhigen sollte, empfehlen wir Ihnen, einen qualifizierten AT-Lehrer oder einen Psychotherapeuten mit Erfahrung im Autogenen Training aufzusuchen, der Sie individuell unterstützen kann.

Folgen Sie Ihrer Intuition!

Der Schlüssel zur Deutung Ihrer inneren Bilder ist Ihre Intuition. Sie hilft Ihnen auch dabei, eigene und von außen beeinflusste Interpretationen zu unterscheiden und die Bedeutung der Bilder für Sie selbst zu ergründen. Daher ist die Oberstufe auch ein Training Ihrer Intuition, die gestärkt wird, wenn Sie ihr Aufmerksamkeit schenken.

Intuition ist im Grunde nichts anderes als die Stimme unseres Unbewussten. Leider beachten wir sie meist zu wenig, obwohl diese Stimme in vielen Situationen sehr hilfreich wäre. Im Unterbewusstsein ist die Summe all unserer Erfahrungen gespeichert, gemeinsam mit unseren Wünschen, Emotionen und allen Seiten unserer Persönlichkeit – auch denen, die sonst nur wenig Raum zur Entfaltung haben.

All das kann sich in den Bildern ausdrücken, die beim Autogenen Training vor unserem inneren Auge entstehen. Im Alltag verbindet sich das Unbewusste durch Eingebungen oder das sogenannte Bauchgefühl mit unserem Wachbewusstsein. Je nachdem, wie aufmerksam wir sind, nehmen wir das mal mehr und mal weniger stark wahr. Wenn Sie im Autogenen Training den Kontakt zu Ihrem Unterbewusstsein suchen, sind spontane, intuitive Einfälle daher ein wertvoller Wegweiser.

Verlassen Sie sich auch während der Übungen der Oberstufe auf Ihre Intuition! Besonders in szenischen Bildern, in denen Sie selbst aktiv sind und eine Landschaft durchqueren oder ein Gebäude erkunden, sollten Sie lieber Ihrer Eingebung als Ihrem Willen folgen. Vergessen Sie während des Autogenen Trainings alles, was Sie vielleicht einmal darüber gehört haben oder was man in solchen Situationen tun *sollte* – wichtig ist dabei nur, was sich in dem betreffenden Moment für *Sie* richtig anfühlt.

Das bedeutet allerdings nicht, dass Ihre Ängste zu Ratgebern werden. Erscheint Ihnen ein düsterer Wald bedrohlich, kann Ihnen Ihre Intuition dennoch sagen, dass es wichtig und heilsam ist, sich neugierig dem zu stellen, was es dort zu entdecken gibt. Ihr Bauchgefühl gibt Ihnen in der Regel den entscheidenden Hinweis darauf, welcher Weg für Ihre persönliche Entwicklung förderlich ist.

Lösen Sie sich von Allgemeinplätzen und vorgefassten Ideen: Bleiben Sie offen für die Botschaften Ihrer inneren Bilder – achten Sie auf die Gefühle und Gedanken, die in Ihnen aufsteigen. Was für Sie das Beste ist, weiß niemand besser als Ihre Intuition!

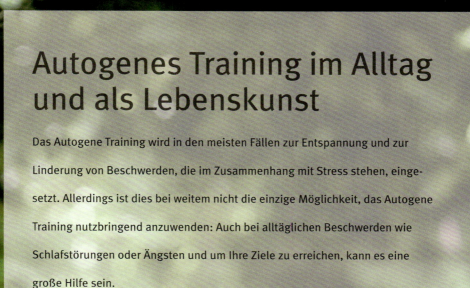

Autogenes Training im Alltag und als Lebenskunst

Das Autogene Training wird in den meisten Fällen zur Entspannung und zur Linderung von Beschwerden, die im Zusammenhang mit Stress stehen, eingesetzt. Allerdings ist dies bei weitem nicht die einzige Möglichkeit, das Autogene Training nutzbringend anzuwenden: Auch bei alltäglichen Beschwerden wie Schlafstörungen oder Ängsten und um Ihre Ziele zu erreichen, kann es eine große Hilfe sein.

Möglichkeiten der Anwendung

Neben der Entspannung gibt es noch eine Vielzahl weiterer Möglichkeiten, wie Sie das Autogene Training einsetzen können. In diesem Kapitel möchten wir Ihnen einen Überblick geben, wie Sie das AT anwenden können, um persönliche Beschwerden und Probleme zu lösen oder Ihr Leben zu bereichern und Ihre Lebensqualität zu steigern.

Jederzeit entspannt

Die meisten Menschen denken beim Thema Entspannen vor allem daran, wie sie nach einem anstrengenden Arbeitstag endlich zur Ruhe kommen können. Das ist natürlich wichtig, und das Autogene Training eignet sich ganz hervorragend dafür. Es hilft Ihnen dabei, die Gedanken an den Job loszulassen und den Kopf freizubekommen, sodass Sie sich auf Freizeit und Erholung einstellen können.
Es gibt jedoch auch noch andere Situationen, in denen die Entspannung, die das Autogene Training schenkt, sehr nützlich sein kann. Dabei lohnt es sich oft, die Formeln an das entsprechende Ereignis anzupassen.

Vor wichtigen Terminen

Ob beim Bewerbungsgespräch, einer geschäftlichen Besprechung oder dem ersten Treffen mit den zukünftigen Schwiegereltern –

Autogenes Training ist im Alltag eine große Hilfe – nicht nur, um zu entspannen und Stress zu bewältigen, sondern auch, um Bestleistung zu bringen.

Nervosität und Anspannung sind bei wichtigen Terminen selten eine große Hilfe. Ganz im Gegenteil: Sie führen unwillkürlich dazu, dass wir nicht so klar denken können wie sonst, uns beim Sprechen leichter verhaspeln und die Situation nicht so glatt läuft wie geplant. Dabei ist unsere Anspannung umso größer, je wichtiger der Termin ist. Und das Schlimmste ist, dass wir dadurch auf Dauer sogar von Termin zu Termin noch nervöser und unsicherer werden.

Mit dem Autogenen Training können Sie diesen belastenden Kreislauf durchbrechen, indem Sie es gezielt dafür einsetzen, Ihre Nervosität zu lindern und gelassen zu bleiben. Da Sie in diesen Situationen jedoch auch nicht zu entspannt sein sollten – schließlich brauchen Sie einen klaren Kopf, um wichtige Gespräche zu führen –, empfehlen wir hier eine Abwandlung der Ruheformel:

»Ich bin ganz ruhig, mein Kopf ist frisch und klar.«

Neue Kräfte tanken

Ebenso wichtig wie die Erholung nach Feierabend sind regelmäßige Pausen zwischendurch: Sie schützen davor, dass Sie sich zu sehr verausgaben, und erlauben es Ihnen, neue Kraft zu schöpfen. Dass eine Pause nötig ist, erkennen Sie am deutlichsten daran, dass Sie sich plötzlich müde und erschöpft fühlen. Anstatt die Müdigkeit zu ignorieren, sollten Sie diesen Hinweis ernst nehmen und sich möglichst sofort eine Auszeit gönnen. Noch besser wäre es, schon kurz vor dem Einsetzen der Müdigkeit eine Pause zu machen,

damit die Erschöpfung gar nicht erst zu groß werden kann. Das ist leichter, als es scheint, denn bei den meisten Menschen setzt die Müdigkeit regelmäßig zu bestimmten Zeiten oder Gelegenheiten ein, zum Beispiel am späten Vormittag oder nach der Kaffeepause. Autogenes Training eignet sich hervorragend dafür, in diesen Pausen neue Kräfte zu tanken. Schließlich ist oft nicht genügend Zeit oder kein geeigneter Raum vorhanden, um sich hinzulegen oder vielleicht sogar etwas zu schlafen.

Beim Autogenen Training brauchen Sie weder einen Platz zum Liegen noch besonders viel Zeit – und trotzdem können Sie sich rundum entspannen. Zudem steigert das regelmäßige Training die Fähigkeit Ihres Körpers, sich schnell zu erholen.

Sobald Sie mit dem Autogenen Training vertraut sind, machen Sie es sich am besten zur Gewohnheit, regelmäßig eine erholsame AT-Pause in Ihren Tagesablauf einzubauen – so sorgen Sie dafür, dass Sie nach Feierabend gar nicht erst erschöpft sind.

Vorhersehbare Stresssituationen

Das Autogene Training eignet sich auch bestens dafür, vorhersehbare Stresssituationen im Vorfeld zu entschärfen. Wer bereits beim Gedanken an eine Prüfung Herzklopfen bekommt, vom bloßen Anblick einer anstrengenden Kollegin genervt ist oder allein schon das Geräusch des Zahnarztbohrers fürchtet, kann mithilfe des Autogenen Trainings seine Gefühlsreaktion auf diese Stressfaktoren deutlich mildern.

Prüfung, Kollegin oder Zahnarztbesuch werden sich dadurch zwar nicht verändern – aber Ihre Wahrnehmung. Sie können solche und andere Stresssituationen wesentlich gelassener erleben, wenn Sie sich mit der »Gleichgültigkeits-Formel« darauf vorbereiten. Sie lautet ganz einfach, aber effektiv »XY gleichgültig«, in unseren Beispielen also »Prüfung gleichgültig«, »Kollegin gleichgültig« oder »Zahnarzt gleichgültig«.

Die Gleichgültigkeits-Formel können Sie auf zweierlei Weise verwenden: Entweder – und das ist für viele am einfachsten – verbinden Sie sie mit der Ruheformel zu einem kurzen »Ich bin ganz ruhig. XY gleichgültig« und führen damit in gewohnter Weise die Übungen der Grundstufe durch. Oder Sie schließen die Formel als letzten Schritt an die Übungen der Grundstufe an. Dabei führen Sie zuerst die Übungen der Grundstufe wie gewohnt durch. Nach der Stirnübung fügen Sie sechs Mal Ihre persönliche Gleichgültigkeits-Formel an und wiederholen danach noch ein Mal die Ruheformel, bevor Sie die Übung mit dem Zurücknehmen beenden.

Eigene Formeln finden

Im letzten Kapitel haben Sie schon zwei Beispiele kennengelernt, wie Sie die Formeln des Autogenen Trainings an Ihre eigenen Bedürfnisse anpassen können. Bereits J. H. Schultz hat vorgeschlagen, die Formeln zu erweitern, sobald die Grundstufe des AT sicher beherrscht wird. Sie bildet die Basis, auf der die Arbeit mit eigenen Formeln aufbaut.

Persönliche Formeln können auf körperlicher wie psychischer Ebene wirken, dazu beitragen, Ihre Gesundheit zu stärken und Ängste bzw. Schmerzen eindämmen. Gleichzeitig können sie Ihnen dabei helfen, Ihre Leistungsfähigkeit zu steigern oder persönliche Ziele und Vorsätze durch Leitsätze leichter zu verwirklichen.

Wesentlich für den Erfolg eigener Formeln ist, dass Sie sich vorher darüber klar werden, was genau Sie damit bewirken wollen – also insbesondere, in welchem Aspekt Ihres Lebens Sie eine Verbesserung erreichen möchten. Möglicherweise fallen Ihnen dafür auf Anhieb gleich mehrere Bereiche ein. Dann empfehlen wir, dass Sie sich zunächst etwas Zeit nehmen, um herauszufinden, wo eine Veränderung besonders wichtig ist.

Auch bei Übenden mit viel Erfahrung bewirkt das Autogene Training normalerweise nicht von heute auf morgen eine Veränderung – meist dauert es einige Zeit, bis sich Erfolge einstellen. Nehmen Sie daher die gewählte Formel so lange in Ihr Training auf, bis Sie tatsächlich eine Veränderung wahrnehmen. Während dieser Phase können Sie Ihre Formel aber durchaus präzisieren oder besser an Ihre Bedürfnisse anpassen.

Am wirkungsvollsten ist es, wenn Sie Ihre persönliche Formel direkt im Anschluss an die Grundstufe anfügen – entweder bei jedem Durchgang der Formeln, oder sobald Sie die Umschaltung erreicht haben. Wiederholen Sie die persönliche Formel sechs Mal, und fügen Sie als Abschluss die Ruheformel ein Mal hinzu. Die Übung wird wie immer mit dem Zurücknehmen beendet.

Mit Autogenem Training können Sie zu Ihrem eigenen seelischen Personal-Trainer werden – indem Sie Formeln entwerfen, die auf Ihr Leben zugeschnitten sind.

Persönliche Formeln entwerfen

Damit die Worte Ihrer persönlichen Formel im Unterbewusstsein die gewünschte Wirkung entfalten, sind zwei Regeln von Bedeutung:
1. Die Formel soll so genau und kurz wie möglich sein.
2. Die Formel soll Ihrer persönlichen Ausdrucksweise so gut wie möglich entsprechen – schließlich ist sie nur für Sie bestimmt.

Darüber hinaus gibt es weitere Empfehlungen, wie Formeln noch einprägsamer gestaltet werden können, beispielsweise durch Reime oder den Rhythmus. Oft wird auch betont, dass die Formeln positiv formuliert sein sollten, sodass beispielsweise aus »Nicht ärgern« besser ein »Gelassen bleiben« wird. Die Formeln sollten allerdings auch immer zur Persönlichkeit des Übenden passen. Ein Warnruf kann mitunter eindringlicher sein als eine positiv formulierte Aussage.

Einige Lehrer und Autoren machen konkrete Formel-Vorschläge für die unterschiedlichsten Bedürfnisse. Das kann zwar eine große Hilfe sein, aber Ihre Formeln werden deutlich wirkungsvoller sein, wenn Sie sie selbst entwerfen und sich eingehend mit ihrer Formulierung beschäftigen. Allein dadurch wird Ihr Unterbewusstsein auf das betreffende Problem aufmerksam und auf Ihren Wunsch, es zu lösen. Auf den folgenden Seiten geben wir Ihnen zwar weiterhin Beispiele für erprobte Formeln – werden Sie aber unbedingt selbst kreativ und benutzen Sie die Vorschläge lediglich als Anhaltspunkte. Falls eine Formulierung Sie direkt anspricht, übernehmen Sie sie selbstverständlich. Ebenso gut können Sie sie aber auch anpassen, erweitern oder nur als Grundlage für Ihre ganz persönliche Formel verwenden.

AT bei Alltagsbeschwerden

Täglich geübt, führt das Autogene Training bei vielen Beschwerden, wie Kopfschmerzen oder Schlafstörungen, zu einer merklichen Besserung. Noch tief greifender wirkt das AT, wenn Sie es gezielt an Ihre konkreten Bedürfnisse anpassen. Wie das funktioniert, möchten wir Ihnen beispielhaft an einigen verbreiteten Alltagsbeschwerden zeigen.

Beachten Sie bitte, dass das Autogene Training kein Ersatz für einen Besuch beim Arzt oder eine notwendige Behandlung ist – vor allem bei länger bestehenden oder wiederkehrenden Beschwerden ist es wichtig, eine ärztliche Diagnose einzuholen.

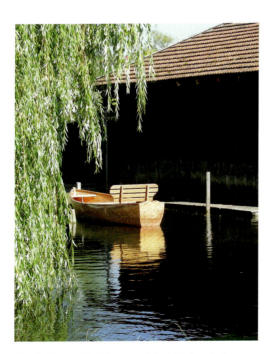

Das Autogene Training ersetzt nicht den Arzt – aber oft Medikamente.

Schlafstörungen

Probleme mit dem Ein- oder Durchschlafen hat fast jeder einmal – besonders bei erhöhtem Stress. Der Entspannungszustand, den Sie mit der Grundstufe des Autogenen Trainings erreichen, ist ideal, um anschließend in den Schlaf hinüberzugleiten. Auch das nächtliche Aufwachen wird dadurch seltener, und falls Sie doch einmal wach liegen, hilft das AT, schnell wieder einzuschlafen.

Um das Autogene Training als Einschlafhilfe zu nutzen, brauchen Sie an den Formeln der Grundstufe nichts weiter zu ändern – verzichten Sie einfach auf das Zurücknehmen. Entscheidend ist außerdem, dass Sie AT ohne Erwartungsdruck üben und sich zugestehen, dass es einige Tage dauern kann, bis die Wirkung zuverlässig eintritt. Wer ängstlich oder verkrampft darauf wartet einzuschlafen, verzögert es damit nur. Führen Sie das AT so absichtslos wie möglich als abendliches Ritual durch, und lassen Sie sich von seiner Wirkung überraschen.

Schmerzlinderung

Entspannung kann Schmerzen lindern – das gilt besonders für die tiefe Entspannung des Autogenen Trainings. Daher wird es von vielen Übenden gerne bei Kopfschmerzen oder beim Zahnarztbesuch angewendet. Die Schmerzlinderung beruht dabei aber nicht allein auf der Entspannung, sondern sie kann durch gezielte Formeln noch verstärkt werden. So ist es in vielen Fällen hilfreich, einen schmerzenden Körperteil durch eine zusätzliche Formel zu kühlen, zum Beispiel »Kiefer ganz kühl und schmerzfrei«. Bei rheumatischen Beschwerden hilft dagegen die Vorstellung von Wärme: »Schulter wohlig warm und schmerzfrei«.

Als Faustregel gilt, bei der Wahl von Wärme oder Kälte das einzusetzen, was sich auch in der äußerlichen Anwendung (beispielsweise als Eisbeutel oder Wärmepackung) gut anfühlen würde. Fügen Sie die Formel Ihrer Wahl am Ende der vollständigen Grundstufe ein, und wiederholen Sie sie bei jedem Durchgang sechs Mal.

Besonders bei unklaren Schmerzen ist es wichtig, trotz AT eine ärztliche Diagnose einzuholen. So können Sie ausschließen, dass die Schmerzen eine behandlungsbedürftige Ursache haben. Außerdem hilft es Ihnen, eine passende Formel zu entwerfen, die den schmerzenden Bereich möglichst exakt anspricht.

Lärm leichter ertragen

Ob durch spielende Kinder, laute Musik oder eine vielbefahrene Straße: Ständiger Lärm ist eine Belastung, die zu psychischen und sogar körperlichen Beschwerden führen kann. Dieser Effekt setzt umso früher ein, je mehr Aufmerksamkeit wir dem Lärm schenken und je stärker wir ihn als Stress empfinden. Sie kennen es sicher selbst: Oft ist es erst der Ärger, beispielsweise über den zu lauten Fernseher in der Nachbarwohnung, der uns jedes Geräusch überdeutlich wahrnehmen lässt.

Am Lärm selbst kann das Autogene Training natürlich nichts ändern. Aber es hilft Ihnen, Lärm gelassener zu ertragen und so den Stress durch Ärger zu vermeiden. Verwenden

Sie dazu die Gleichgültigkeits-Formel von Seite 56, zum Beispiel mit den Worten »Lärm gleichgültig«. Manche Übende ergänzen außerdem die Ruheformel zu »Ich bin ganz ruhig und gelassen«. Üben Sie auf diese Weise täglich mindestens ein Mal, um Gelassenheit gegenüber Lärm zu entwickeln. Zusätzlich können Sie das AT auch jederzeit in der konkreten Lärmsituation anwenden.

Autogenes Erfolgstraining

Autogenes Training eignet sich aber nicht nur dazu, Ihr Wohlbefinden zu steigern. Es ist auch eine erprobte Methode, um die eigene Leistungsfähigkeit zu verbessern und in vielen Lebensbereichen leichter zurechtzukommen. AT hilft Ihnen, in schwierigen Situationen die Ruhe zu bewahren, Ihre Stärken zu erkennen und zu nutzen und Ihre Ziele konzentriert zu verfolgen, sodass Sie sie leichter verwirklichen können.

Aufmerksamkeit und Konzentration stärken

Viele Studenten schätzen am Autogenen Training, dass es ihnen zu besserer Konzentration verhilft – sowohl beim Lernen als auch in Vorlesungen und Prüfungen. Dank der inneren Sammlung, die regelmäßig angewendetes AT schenkt, fällt es den meisten leichter, mit den Gedanken bei der Sache zu bleiben. Diese Wirkung ist auch im Berufsleben eine große Hilfe, wenn es darum geht, Projekte zu planen und zu organisieren, bis zum Feierabend die volle Leistungsfähigkeit zu behalten und in stressigen Zeiten die eigene Belastbarkeit unter Beweis zu stellen.

Gleichzeitig hilft Ihnen Autogenes Training dabei, Ihre Aufgaben mit weniger Zeit- und Arbeitsaufwand zu erledigen: denn wer konzentriert und aufmerksam ist, arbeitet effektiver. Ob Sie die gewonnene Zeit zum Erholen nutzen oder um noch mehr zu leisten, liegt ganz bei Ihnen – die Oberstufe des AT kann Sie aber darin unterstützen, Ihre eigenen Bedürfnisse deutlicher zu sehen, sodass Sie unterscheiden lernen, was Ihnen wichtig ist und guttut.

Sportliche Leistungen verbessern

Die Bedeutung des mentalen Faktors ist vor allem im Profisport schon lange bekannt. Motivation, Konzentration und psychische Belastbarkeit spielen eine große Rolle dabei, ob Sportler ihre körperlichen Fähigkeiten im Wettkampf abrufen können. Hier zeigt sich die enge Verbindung zwischen Körper und Psyche besonders deutlich – und mit Autogenem Training lässt sich diese Verbindung erfolgreich nutzen. Von der Wirkung des AT profitieren natürlich auch Freizeitsportler, die durch regelmäßiges Training ihre Leistungsfähigkeit verbessern und ihre Motivation erhöhen möchten.

Darüber hinaus hilft das AT dabei, sich nach dem Sport schneller und gründlicher zu erholen – die tiefe Entspannung fördert die Regenerationsfähigkeit des Körpers. Daher können wir Autogenes Training allen Sportlern nur wärmstens empfehlen.

Selbstvertrauen stärken

Wie Sie bereits wissen, verhilft Ihnen das Autogene Training zu mehr Ruhe und Gelassenheit, und die Übungen der Oberstufe ermöglichen es, Ihre persönlichen Stärken besser kennenzulernen. Das ist besonders wertvoll für all jene, die sich schüchtern und unsicher fühlen – wenn sie unter Menschen gehen oder mit schwierigen Aufgaben konfrontiert werden. Zwar wird auch das Autogene Training nicht dazu führen, dass ein von seinem Wesen her introvertierter, eher schüchterner Mensch sich plötzlich ins Gegenteil verkehrt. Es kann ihm jedoch dabei helfen, mit seiner Schüchternheit anders umzugehen, indem er mehr Gelassenheit im Umgang mit seinen Mitmenschen entwickelt und insgesamt mehr Selbstvertrauen gewinnt.

Vorsätze verwirklichen

Die Formeln des Autogenen Trainings lassen sich – in Form von Leitsätzen – auch dafür einsetzen, persönliche Ziele zu verwirklichen. Mit dieser als »Formelhafte Vorsatzbildung« bezeichneten Technik nutzen Sie die Wirkungsweise der Autosuggestion, um gezielt bestimmte Vorsätze im Unterbewusstsein zu verankern.

Ob Sie mit dem Rauchen aufhören oder endlich Ihren Kleiderschrank ausmisten wollen: Gute Vorsätze scheinen oft schon in dem Moment zum Scheitern verurteilt, in dem sie gefasst werden. Das liegt normalerweise daran, dass sie nicht bis ins Unterbewusstsein vordringen. Dort wird nur der sehnsüchtige Gedanke an eine Zigarettenpause registriert und anschließend mit aller Kraft daran gearbeitet, ihn zu verwirklichen – auch wenn Sie eigentlich gerade darauf verzichten wollten.

Mithilfe des Autogenen Trainings können Sie solche Vorsätze zu Leitsätzen machen, die auch Ihr Unterbewusstsein erreichen – indem Sie Ihre ganz persönlichen Formeln finden. Diese fügen Sie dann auf die bereits bekannte Weise in Ihre AT-Sitzung ein und behalten sie über längere Zeit bei – je nach Vorsatz kann es einige Wochen oder auch Monate dauern, bis der Leitsatz wirklich im Unterbewusstsein verankert ist. Arbeiten Sie dabei mit nicht mehr als drei Leitsätzen im selben Zeitraum, die Sie hintereinanderschalten können.

Bei Leitsätzen ist es besonders wichtig, sie so zu formulieren, dass Sie sich selbst angesprochen fühlen – deshalb verzichten wir hier auf Beispiele, die Sie in der Wahl Ihrer Worte beeinflussen könnten.

AT als westliche Meditation

Wer schon Erfahrung mit Meditation hat, wird beim Üben des Autogenen Trainings bald feststellen, dass der entspannte, gesammelte Zustand im AT sehr der Versenkung ähnelt, die in der Meditation angestrebt wird. Die Ähnlichkeit zwischen AT und Meditation ist wissenschaftlich belegt, und es finden sich verschiedene Parallelen zwischen den östlichen Meditationstechniken und den Übungen des Autogenen Trainings, beispielsweise die Vertiefung der Atmung und die beruhigende Wirkung auf das vegetative Nervensystem. Auch Yoga lässt sich in mancher Hinsicht mit Autogenem Training vergleichen, obwohl im Westen mehr die Körperhaltungen des Yoga im Vordergrund stehen und weniger der mentale Aspekt.

Wer autogen trainieren möchte, muss sich weder mit philosophischen noch mit religiösen Überlegungen beschäftigen. Oft vernachlässigen Menschen im Westen, die östliche Meditationstechniken lernen, dass diese auf einem anderen kulturellen Hintergrund basieren, sodass manche Übungen unverständlich bleiben und es zu Missverständnissen kommt. Das Autogene Training ist in dieser Hinsicht unbelastet, da es sich allein auf wissenschaftliche Erkenntnisse stützt und praktisch kein Hintergrundwissen nötig ist, um es korrekt durchzuführen. So ermöglicht es jedem Übenden, tiefe Entspannung zu erleben, sich selbst besser kennenzulernen und in der eigenen Entwicklung einen oft großen Schritt voranzuschreiten.

Viele Kulturen kennen Meditation. Auch AT ist eine Form der Versenkung.

Stichwortverzeichnis

Alltagsbeschwerden 58 f.
Atmung 36 f.
Aufmerksamkeit 59
Augen-Umschaltung 47
Autosuggestion 10, 45

Droschkenkutscherhaltung
23

Eigene Formeln 56
Eigenfarbe 48
Entspannen 54
Erfolgstraining 59

Generalisation 30, 33
Grundentspannung 24
Grundstufe 28 ff.

Herzübung 34 f.
Hypnose 9 f.

Konzentration 59
Kurzformeln 41

Lehnstuhlhaltung 23
Leibübung 38

Meditation 44, 61

Nacken 41
Nackenübung 40

Oberstufe 44 ff.
Organübungen 34, 41

Persönliche Formeln 57
Phantasiereise 48

Schlafstörungen 58
Schmerzlinderung 58
Schultz, J. H. 9

Schwereübung 30
Selbsterkenntnis 48
Selbstvertrauen 60
Sonnengeflecht
38 f.
Stirnformel 43
Stirnübung 42 f.
Stress 12 f.
Suggestion 45

Träume 49

Umschaltung 11
Unbewusstes 45

Visualisieren 48

Wärmeübung 32

Zurücknehmen 25

Empfehlenswerte Literatur

Hoffmann, B.: Handbuch
Autogenes Training. Grund-
lagen, Technik, Anwendung.
DTV, München 2000

Lindemann, H.: Autogenes
Training. Bertelsmann-Club,
Rheda-Wiedenbrück 1998

Schultz, J. H.: Das Autogene
Training. Konzentrative
Selbstentspannung. Thieme,
Leipzig 1932

Schultz, J. H.: Übungsheft für
das Autogene Training.
Thieme, Leipzig 1935

Schwarz, A. / Schwarz, A.:
Muskelentspannung nach
Jacobson. BLV, München
2007

Über die Autoren

Anja Schwarz, Dipl. Psych., 1966 in München geboren. Studium der Psychologie in Gießen und Regensburg. Ausbildung zur Verhaltentherapeutin beim VFKV (Verein zur Förderung der klinischen Verhaltenstherapie). Approbation zur Psychologischen Psychotherapeutin. Mehrjährige Tätigkeit an der Psychosomatischen Klinik Windach. Seit 2000 in eigener Praxis tätig.
www.psychotherapeutin-dachau.de

Aljoscha A. Schwarz, Dipl. Psych., 1961 in Bonn geboren, Member of Mensa, studierte in Kanada und Deutschland Philosophie, Psychologie, Pädagogik, Musikpädagogik und Sprachen. Sein besonderes Interesse gilt der Gehirnforschung. Seit 1989 arbeitet er als Schriftsteller, Übersetzer, Komponist und Philosophischer Lebensberater.
www.seelentherapeut.de

Wir danken

- der Sporthaus Schuster GmbH in München für die Kleidung, die dem Model zur Verfügung gestellt wurde.
www.sport-schuster.de

- KOKON München für das Deko-Material.
www.kokon.com
KOKON, LIFESTYLE HAUS, Mobiliar & Innendekoration, München

Bibliografische Information der Deutschen Nationalbibliothek
Die Deutsche Nationalbibliothek verzeichnet diese Publikation in der Deutschen Nationalbibliografie; detaillierte bibliografische Daten sind im Internet über http://dnb.d-nb.de abrufbar.

BLV Buchverlag GmbH & Co. KG
80797 München

© 2010 BLV Buchverlag GmbH & Co. KG, München

Das Werk einschließlich aller seiner Teile ist urheberrechtlich geschützt. Jede Verwertung außerhalb der engen Grenzen des Urheberrechtsgesetzes ist ohne Zustimmung des Verlags unzulässig und strafbar. Das gilt insbesondere für Vervielfältigungen, Übersetzungen, Mikroverfilmungen und die Einspeicherung und Verarbeitung in elektronischen Systemen.

Bildnachweis
Alle Fotos Claudia Reiter, außer:
Anders, A.: S. 49

Besendorfer, E.: S. 8, 11, 14, 32, 36, 46, 50, 58
Shutterstock: S. 30, 45
Umschlagfotos:
Vorderseite: Claudia Reiter (Titelbild), TM_Design/Fotolia (Hintergrund)
Rückseite: Claudia Reiter

Lektorat: Manuela Stern, Ruth Wiebusch
Herstellung: Angelika Tröger
DTP: Uhl + Massopust GmbH, Aalen

Gedruckt auf chlorfrei gebleichtem Papier

Printed in Germany
ISBN 978-3-8354-0608-7

Hinweis
Das vorliegende Buch wurde sorgfältig erarbeitet. Dennoch erfolgen alle Angaben ohne Gewähr. Weder Autoren noch Verlag können für eventuelle Nachteile oder Schäden, die aus den im Buch vorgestellten Informationen resultieren, eine Haftung übernehmen.

Einfach, wirksam und schnell erlernbar

Anja Schwarz/Aljoscha Schwarz
Muskelentspannung nach Jacobson
Eine der wichtigsten Entspannungsmethoden – von Ärzten und Krankenkassen empfohlen · Stressabbau und Tiefenentspannung für Körper und Seele durch das gezielte Anspannen und Entspannen einzelner Muskeln · Mit Anleitungen auf CD.
ISBN 978-3-8354-0471-7

Bücher fürs Leben.